RITUELS AYURVÉDIQUES

À propos de TAPOVAN

Tapovan, Open University de yoga et ayurvéda, a été fondé en 1983 par Kiran Vyas, Chantal Signovert et Corinne Dupont. À la fois lieu d'enseignement et de ressourcement, nous vous proposons des cours et formations en cuisine et diététique ayurvédiques, ayurvéda-massage et hatha yoga. Le centre parisien vous accueille pour une vaste palette de soins ayurvédiques effectués par des thérapeutes de grande compétence et le centre de Haute-Normandie pour des cures ayurvédiques dans un environnement exceptionnel.

Site Internet : www.tapovan.com

Avertissement : Ce livre ne remplace pas l'avis d'un médecin. Consultez sans attendre en cas de maux persistants.

Direction : Catherine Saunier-Talec
Responsable éditoriale : Anne Le Meur
Suivi éditorial : Élise Ducamp
Responsable artistique : Cécilia Rehbinder
Photographies : Emanuela Cino
Stylisme : Mélanie Martin
Conception graphique, couverture et mise en page : Clara Capmas
Révision : Mireille Touret
Relecture : Odile Raoul
Gravure : NordCompo (Villeneuve-d'Ascq)
Fabrication : Amélie Latsch
Partenariats : Dana Lichiardopol-George (dlichiardopol@hachette-livre.fr)
Responsable de la communication : Johanna Rodrigue-Faitot (jrodrigue@hachette-livre.fr)

L'éditeur remercie Joséphine Gay pour son aide précieuse.

Achevé d'imprimer par Estella Gráficas (Espagne)
en mars 2022
Dépôt légal : août 2016
19-8822-7/01
ISBN : 978-2-01-946323-6

PAPIER À BASE DE FIBRES CERTIFIÉES

hachette s'engage pour l'environnement en réduisant l'empreinte carbone de ses livres. Celle de cet exemplaire est de : 1,70 kg éq. CO_2 Rendez-vous sur www.hachette-durable.fr

L'éditeur utilise des papiers composés de fibres naturelles, renouvelables, recyclables et fabriquées à partir de bois issus de forêts qui adoptent un système d'aménagement durable. L'éditeur attend également de ses fournisseurs de papier qu'ils s'inscrivent dans une démarche de certification environnementale reconnue.

FALGUNI VYAS & CORINNE DUPONT

RITUELS AYURVÉDIQUES

100 produits et recettes indispensables pour mieux vivre

LA MAISON
hachette
PRATIQUE

Sommaire

Préface

L'ouvrage ***Détox ayurvédique*** écrit par Vaidya Falguni Vyas et Corinne Dupont est un livre précieux pour notre santé à tous, ici en France.
Le terme ***vaidya*** signifie « médecin ayurvédique ». Falguni Vyas a fait des études complètes d'ayurvéda en Inde, à la Gujarat Ayurveda University d'Ahmedabad, durant cinq ans et demi – soit autant d'années qu'un cursus universitaire occidental. Après ses études, elle a travaillé avec Shri Govindprasad Vaidya, célèbre médecin ayurvédique, avant de se lancer elle-même comme consultante en ayurvéda en Inde.
Arrivée en France en 1995 pour des raisons familiales, elle a intégré la Tapovan Open University de yoga et d'ayurvéda. Elle y enseigne depuis cette date la cuisine et la diététique ayurvédiques, et assure des entretiens personnalisés en ayurvéda, avec notamment des soins et des cures « détox ».
Comment vivre une vie saine au quotidien et comment recourir à l'ayurvéda ? Telle est la question à laquelle Falguni Vyas répond jour après jour en proposant des postures de yoga, de la respiration, des massages ayurvédiques, une alimentation simple, agréablement épicée et personnalisée selon les ***doshas*** (constitutions), les humeurs et les afflictions, selon l'âge et l'environnement. Certaines méthodes sont simples et efficaces, comme nous le verrons dans cet ouvrage ; d'autres sont plus complexes lorsque l'on suit un traitement de ***panchakarma*** (les cinq purifications).

En tant que fondateur et directeur de Tapovan, et surtout comme pionnier de l'ayurvéda en France et en Europe, je suis heureux d'avoir Falguni Vyas à mes côtés, car elle contribue largement à répandre le message de l'ayurvéda.

Depuis bientôt 40 ans, Corinne Dupont est une grande admiratrice de l'Inde et de sa culture. C'est tout d'abord la vie de ses villages, leur simplicité, le sourire des enfants, l'élégance des femmes en sari, l'atmosphère baignée de lumière et de spiritualité qu'elle a photographiés lors de multiples voyages. Elle aime l'Inde dans sa profondeur, l'Inde immuable et éternelle. Elle a lu et approfondi la pensée des grands maîtres indiens, dont la vision traverse le temps. Elle s'intéresse aux grands principes de l'ayurvéda qu'elle a beaucoup expérimentés et dont elle peut percevoir chaque jour les résultats sur elle-même, son entourage et les visiteurs réguliers du centre Tapovan.
Plus de vingt ans d'amitié la lient à Falguni Vyas et toutes deux sont passionnées par la santé et l'alimentation.
Qu'elles partagent leurs secrets culinaires et recettes de santé et détox avec vous, lecteurs, me réjouit. Elles sont, sur ce pont qui relie l'Orient à l'Occident, des messagères de la santé et donc du bonheur ; à ce moment particulier où nous avons tant besoin de faire face à des problèmes de santé et à des maladies dues en partie au stress, à la sédentarité et à une alimentation déséquilibrée.
Merci à toutes deux pour la réalisation de cet ouvrage.

Kiran Vyas

Introduction

L'Inde a fait deux grands cadeaux à l'humanité : le yoga et l'ayurvéda. Ils concernent ce que nous avons de plus précieux : notre santé. L'ayurvéda (***ayur***, « vie », « force vitale », et ***veda*** « connaissance », « science ») est l'un des plus anciens systèmes de santé au monde : il date de 5000 ans. Il est issu de la culture védique – les ***rishis***, « ceux qui voient la vérité », ont reçu ces préceptes de manière intuitive. Ensuite, la transmission s'est faite de maître à disciple oralement, avant d'apparaître dans des versets en sanskrit.

Ce système de santé et de guérison a traversé les âges jusqu'à parvenir en Occident, il y a quelques décennies. Les concepts de l'ayurvéda sont riches, subtils, voire complexes au premier abord. Son approche holistique, incluant l'homme et l'univers, ne divise pas notre corps en parties distinctes, mais en étudie toutes les interconnections. Elle est centrée sur la personne, son fonctionnement dans le quotidien, ses habitudes, son terrain, son environnement, sa constitution, ses déséquilibres et non pas directement sur la maladie.

Chaque personne est unique et l'ayurvéda permet de mieux se connaître ; il s'agit de prendre conscience du fonctionnement de son corps en liaison avec ses attitudes mentales, ses atavismes. C'est une véritable démarche, bien différente de la prise d'un médicament sur lequel on ne se pose guère de questions.

L'ayurvéda, tel que nous le pratiquons en Occident, est avant tout une médecine préventive. Il s'agit de comprendre et d'analyser ses propres déséquilibres avant qu'ils ne franchissent une ligne rouge, d'en saisir les conséquences, de faire les liens nécessaires à leur compréhension pour ne pas réitérer les erreurs passées.

Il faut souvent changer certaines habitudes pour aller mieux : à commencer par notre alimentation. Ce n'est pas toujours facile, car notre attachement à la nourriture et à nos traditions culinaires est fort.

Le siècle dernier a vu d'énormes mutations alimentaires ; nous sommes passés très vite du « peu » au « pléthorique », du « simple » au « complexe », du naturellement « bio » à « l'agriculture intensive ». Ces changements rapides et radicaux ont entraîné des déséquilibres et une surcharge de nos organismes.

Comme nous le verrons dans ce livre, beaucoup d'épices, herbes, légumes ou fruits non traités ont une valeur médicinale : ils détoxifient le corps et constituent notre principale source d'antioxydants, gage de bonne santé et de longévité.

LES DEUX OBJECTIFS DE L'AYURVÉDA SONT :

le maintien de la santé ;

la guérison des maladies causées par un déséquilibre intérieur et extérieur.

SELON L'AYURVÉDA, LES TROIS PILIERS DE LA SANTÉ SONT :

Ahara, **l'alimentation ;**

Vihara, **notre mode de vie au quotidien ;**

Manovyapara, **notre état d'esprit.**

Il doit y avoir un équilibre entre ces trois piliers.

POUR MIEUX COMPRENDRE CET ART DE VIVRE, RETENONS LE PRINCIPE DES « 5 D » :

Doshas
au nombre de trois, ces énergies donnent notre constitution de naissance, représentent la proportion des cinq éléments qui nous est unique et les déséquilibres causés par différents facteurs au cours de notre vie ;

Diète
alimentation appropriée à la constitution, au pays où l'on vit, à la saison, etc. ;

Dincharya
la routine quotidienne ayurvédique pour rester en bonne santé ;

Détoxification
élimination des toxines accumulées dans notre corps par l'alimentation, la pollution extérieure, notre mode de vie, les émotions négatives ;

Divin
notre relation à une énergie supérieure par la méditation, la concentration, les *mantras*.

Ayurvéda

Les grands principes de l'ayurvéda

Les grands principes de l'ayurvéda reposent sur la théorie des cinq éléments,
les trois *doshas* (« constitutions »),
***prakuti* (la « nature »),**
***ahara* (la « diète »)**
et *jatharagni* (le « Feu digestif »).

Les cinq éléments

L'ayurvéda distingue non pas quatre mais cinq grands éléments de la Nature (macrocosme), lesquels se retrouvent, dans des proportions différentes, chez l'être humain (microcosme) et déterminent sa constitution de base, son type d'énergie ou dosha.

LA CONSCIENCE ET L'ÉNERGIE SE MANIFESTENT DANS LES CINQ ÉLÉMENTS SUIVANTS :

· **L'Air** (*Vayu*)
· **Le Feu** (*Agni*)
· **L'Eau** (*Jala*)
· **La Terre** (*Prithvi*)
· **L'Éther ou l'Espace** (*Akasha*)

Le concept des cinq éléments est au cœur de l'ayurvéda. Lors de la création de l'Univers, c'est l'élément Éther ou Espace qui est apparu en premier, puis vint le mouvement avec l'Air. Le mouvement de l'Éther ou Espace, créant l'Air, entraîna une sorte de friction générant lumière, chaleur et l'élément Feu. L'élément Eau vit le jour par liquéfaction de l'élément Feu, puis par solidification avec l'élément Terre. C'est à partir de ces cinq éléments que furent créés les mondes végétal, animal et humain.

Ainsi sommes-nous tous issus de ces cinq éléments. L'être humain est fait d'espace (tous les vides dans le corps, tels que l'intérieur de la bouche par exemple), d'air (le mouvement et la circulation des fluides dans le corps), de feu (métabolisme, Feu digestif, température du corps) d'eau (plasma, sécrétions, mucus, etc.) et de terre (os, muscles, peau, etc.).

Parmi ces cinq éléments, trois sont **mobiles** (le Feu, l'Eau et l'Air) et deux **immobiles** (la Terre et l'Éther).

Selon l'ayurvéda, il y a trois types de ***doshas*** :

1) Énergie du mouvement et du changement :
Air + Éther = *Vata*

2) Énergie de la transformation et du métabolisme :
Feu + Eau = *Pitta*

3) Énergie de la stabilité, la structure et la fluidité :
Terre + Eau = *Kapha*

Ces énergies invisibles font fonctionner l'ensemble des processus physiologiques, métaboliques et biologiques de notre corps ainsi que nos fonctions mentales (pensées, émotions, intelligence). Elles assurent l'ensemble de nos fonctions vitales avec harmonie. Ces énergies sont invisibles, mais nous en ressentons les effets quotidiennement.

Les trois doshas

Vata - Pitta - Kapha

Chez l'être humain, les cinq éléments s'assemblent, en proportions différentes, afin de former trois humeurs qu'on appelle les doshas. Parfois un dosha est très dominant et un autre est secondaire.

Vata, **Pitta** et **Kapha** sont également des phases qui se succèdent au fil de la journée et qui sont plus favorables à certaines activités.

- De 2 h à 6 h du matin : période **vata**. Il convient de se réveiller avant le lever du soleil pour être en forme.
- De 6 h à 10 h : période **kapha**.
- De 10 h à 14 h : période **pitta**. Il convient de prendre son repas principal dans cette tranche horaire (meilleure digestion).
- De 14 h à 18 h : période **vata**. Fin de la digestion.
- De 18 h à 22 h : période **kapha**. Bonne tranche horaire pour pratiquer une activité physique.
- De 22 h à 2 h du matin : période **pitta**. Mieux vaut se coucher avant 22 h.

Vata

VATA : ÉTHER + AIR

Vata régularise les activités dans le corps physique, physiologique et mental. **Vata** est associé au mouvement. Il représente l'énergie qui fait bouger, marcher, parler, respirer, digérer et éliminer. **Vata** est en mouvement constant dans le corps.

Vata permet à l'influx nerveux et aux fluides de circuler (sang, lymphe). Tel un courant électrique, il induit l'élimination et l'expulsion. Lorsque l'énergie *vata* fait défaut, tout devient stagnant, l'élimination se fait mal.

Dans la nature **Vata**, l'air prédomine. La personne est aérienne, souvent en mouvement, ses pensées défilent, son imagination est débordante, elle rêve beaucoup. Elle est tel un électron libre, elle est irrégulière dans ses rythmes, elle aime le changement, parle beaucoup. Elle aime la musique et les arts. Sur le plan physique, sa peau est sèche. Elle est généralement mince, voire maigre.

Organes associés : CÔLON – PEAU – SYSTÈME NERVEUX

Pitta

PITTA : FEU + EAU

Pitta permet la digestion, la transformation. Il fixe la température du corps. Il est chaud, corrosif, léger. Il est glissant et liquide. Dans la nature **Pitta**, l'intelligence est aiguë, la personne est de tempérament passionné. Elle aime les projets, la vie sociale et la compétition. Elle est chaleureuse, généreuse et fait preuve de compréhension. Elle est énergique, enthousiaste. Elle peut être susceptible, colérique, jalouse si **Pitta** est en excès.
Sur le plan physique, le métabolisme est puissant (très bon appétit). Il peut y avoir des sensations de chaleur, voire des inflammations. **Pitta** est associé à la peau, à la vue, à la digestion et au sang.

Organes associés : VISION – DIGESTION – SANG – BILE – PEAU

Kapha

KAPHA : TERRE + EAU

Kapha est associé à la structure solide de notre corps (os, muscles). Il est visqueux, froid, lourd, lent, lisse, statique, doux. Il est collant au toucher. La nature **Kapha** a un corps physique rond, elle aime la stabilité, l'immobilité qui tend à la paresse et à la somnolence. Une personne de nature **Kapha** fait preuve d'amour, de sagesse, de compassion, de stabilité, de fidélité, de respect des promesses, d'endurance, de tolérance, de calme et de magnanimité.
Sur le plan physique, la nature **Kapha** est ronde et bien enveloppée. **Kapha** donne la force, la forme, la flexibilité, la fermeté du corps et la fluidité entre chaque articulation.
Kapha, c'est la salive dans la bouche, le mucus interne de chaque organe, le fluide entre chaque articulation, le fluide cérébral, l'humidité des yeux. **Kapha** est constitué d'eau et de terre. La salive est un liquide collant. Grâce à sa présence, nous percevons les goûts. Les muqueuses de chaque organe interne comportent une substance qui soit protège, soit absorbe les chocs (fluide protecteur autour du cœur, par exemple), soit participe à un travail comme la digestion.

Organes associés : ESTOMAC – LANGUE – CERVEAU – CAGE THORACIQUE – ARTICULATIONS

Quel est votre dosha ?

Voici un questionnaire pour connaître vos habitudes alimentaires, vos préférences, vos goûts. C'est une manière de décoder votre langage intérieur, les indications qu'il vous donne dans le but de mieux gérer votre alimentation. Nous sommes attirés par certains types d'aliments, par des envies naturelles. Si vous avez des difficultés à répondre à certaines questions, demandez à vos proches.

Un entretien avec un médecin ayurvédique est évidemment beaucoup plus complet, mais ce questionnaire vous aidera à évaluer votre dosha (vata-pitta-kapha). Il vous permettra de mieux vous connaître et de vous orienter vers une alimentation plus appropriée.

Vous pouvez penser que la réponse à certaines questions dépend de la saison, des circonstances ou d'autres critères, mais cochez celle qui vous semble primer sur les autres.

1. MON APPÉTIT EST :

a) Irrégulier ☐
b) Fort ☐
c) Faible ☐
d) Normal ☐

2. JE MANGE :

a) De petites quantités plusieurs fois par jour ☐
b) De grandes quantités 2 ou 3 fois par jour ☐
c) De petites quantités 2 fois par jour ☐
d) Des quantités moyennes et équilibrées ☐

3. JE MANGE :

a) Précipitamment ☐
b) Rapidement ☐
c) Normalement ☐
d) Lentement ☐

4. QUAND JE MANGE :

a) Je bouge et parle de tout et de rien avec mes amis ☐
b) J'ai souvent des discussions vives (business, politique) ☐
c) Je préfère manger seul(e) en silence ☐
d) Je suis zen en toutes circonstances ☐

5. SI JE NE MANGE PAS QUAND J'AI FAIM :

a) Je suis fatigué(e) (hypoglycémie), il faut que je mange rapidement ☐
b) Je suis irritable. Si je n'ai pas à manger tout de suite, j'explose ☐
c) Je reste imperturbable ☐
d) S'il y a un repas, je mange, je peux même oublier de manger si je suis trop occupé(e) ☐

6. SENSATION DE SATIÉTÉ :

a) Je suis vite rassasié(e). J'ai un petit estomac et 2 heures après, j'ai faim de nouveau ☐
b) Il me faut une grande quantité de nourriture ☐
c) Je me sens lourd(e) rapidement et j'ai envie de dormir ☐
d) Normal(e) selon moi ☐

7. J'AIME BIEN COMMENCER MON REPAS :

a) Par un potage ou une boisson chaude ☐
b) Par des crudités et des fruits frais en priorité ☐
c) Par des plats goûteux, épicés avant tout ☐
d) J'aime tout et tout me convient ☐

8. J'AI BESOIN DE MANGER :

a) Des aliments doux, lourds, huileux, chauds ☐
b) Des aliments frais, doux, crus, jus, laitages ☐
c) Épicé, léger, chaud ☐
d) De tout normalement ☐

9. JE NE DIGÈRE PAS TRÈS BIEN :

a) Les crudités, la famille du chou, les restes d'un repas, les légumineuses telles que les pois chiches ☐
b) Les plats trop épicés, acides, fermentés ☐
c) Les plats trop gras ou trop sucrés ☐
d) Je digère tout normalement, pas de soucis de ce côté-là ! ☐

10. J'AI TENDANCE À AVOIR :

a) Des ballonnements, coliques, gaz intestinaux, des rôts, hoquets, douleurs articulaires, musculaires ☐
b) De l'acidité, des brûlures d'estomac, des inflammations du tube digestif, des hémorroïdes, de la fièvre, des migraines ☐
c) Je me sens lourd(e), chargé(e), j'ai la langue blanche, un manque d'appétit et envie de ne rien faire (manque d'enthousiasme, léthargie) ☐
d) Je ne connais aucun de ces problèmes ☐

11. CÔTÉ ÉLIMINATION, J'AI TENDANCE À :

a) Être constipé(e), j'ai un transit irrégulier, mes intestins chantent ! et je ne vais pas tous les jours à la selle ☐
b) Avoir des selles abondantes, chaudes, parfois des diarrhées ou des sensations de brûlures ☐
c) Rester longtemps aux toilettes, l'élimination se fait lentement ☐
d) Être régulier(ière) avec des selles quotidiennes normales ☐

SOLUTION DU TEST :

Additionnez tous les a, b, c et d. Si vous comptabilisez :
– une majorité de a, vous êtes **vata** ;
– une majorité de b, vous êtes **pitta** ;
– une majorité de c, vous êtes **kapha** ;
– une majorité de d, vous êtes prakruti équilibré(e).
Dire, par exemple, d'un individu qu'il est de constitution « **pitta** » signifie que chez lui l'humeur pitta est dominante. Cependant, gardez à l'esprit que nul n'est purement **vata, pitta** ou **kapha**. On peut être une combinaison de deux, voire des trois **doshas**.

La nature

Prakruti - Vikruti

Prakuti signifie « nature » en sanskrit.
C'est la proportion unique des cinq éléments
à la conception et qui se matérialise à la naissance.

La maladie est toujours provoquée par un déséquilibre (*vikruti*) des trois **doshas** à un instant donné. Il peut être passager ou se prolonger. La nature est influencée par de nombreux facteurs qui apportent ces déséquilibres. Ce sont les changements dans notre propre nature de base.

Six étapes précèdent la maladie. On peut stopper les processus à chaque étape, si l'on est conscient des principes ayurvédiques et si l'on est à l'écoute de son corps, de son ressenti :
- **La 1re étape** est l'accumulation des toxines ;
- **La 2e étape** est l'aggravation de la quantité de toxines ;
- **La 3e étape** est la propagation des toxines dans le système digestif (débordement) ;
- **La 4e étape** est la déposition ou l'infiltration des toxines dans une zone du corps en état de faiblesse. Les toxines quittent le système digestif et pénètrent dans la circulation sanguine ;
- **La 5e étape** est la manifestation de la maladie, les symptômes apparaissent ;
- **La 6e étape** est l'installation de la maladie.

Lorsqu'on est conscient de sa santé, on peut agir jusqu'à la quatrième étape, en rectifiant son alimentation, en changeant certains aspects de son mode ou de son cadre de vie.

PAR QUOI LES DÉSÉQUILIBRES SONT-ILS PROVOQUÉS ?

L'âge

La première influence sur ***vikruti***, c'est notre âge. Naturellement, un ***dosha*** domine à chaque période de notre vie :
L'enfance est dominée par ***kapha*** (mucosités, otites, bronchites, toux) ;
L'âge adulte est dominé par ***pitta*** (inflammations, migraines, acidité, crise de foie, acné, tensions, etc. ;
Le troisième âge est dominé par ***vata*** (douleurs articulaires, insomnies, gaz, problèmes de mémoire).

Les saisons, le climat

Kapha augmente en hiver, avec le froid et l'humidité. ***Pitta*** augmente en été, avec la chaleur du soleil. ***Vata*** augmente à l'automne et aux changements de saison.

L'alimentation

Une alimentation inappropriée par rapport à notre constitution (par exemple, une personne ***pitta*** qui prend le soleil en plein été et ensuite mange une viande rouge en buvant de l'alcool, ou une personne ***kapha*** qui, en plein hiver, mange beaucoup de fromage).
La mauvaise qualité de notre alimentation, son manque de fraîcheur, une nourriture trop riche ou carencée peuvent créer des déséquilibres.

La vie quotidienne

Être en harmonie avec le cycle du soleil et des forces de la nature est fondamental.
La régularité du sommeil, des repas, l'heure du coucher et du réveil jouent un rôle important pour le maintien d'une bonne santé ainsi que l'exercice physique adapté à notre propre constitution.
Exemple 1 : une personne ***vata*** qui est souvent dans le mouvement et qui pratique un sport physique intense pendant longtemps épuise son corps et crée des douleurs articulaires. C'est donc néfaste pour elle.
Exemple 2 : se coucher trop tard le soir augmente les problèmes du système nerveux et les douleurs.
Exemple 3 : rester dormir trop longtemps le matin augmente les problèmes de mucosités et l'obésité (« grasse » matinée, comme son nom l'indique !).

Les relations et l'environnement

La relation que nous entretenons avec nous-mêmes, avec les autres et avec notre environnement joue sur notre constitution ; de même que notre mode de vie, notre état d'esprit face aux aléas de la vie.

Les émotions

Elles peuvent être source de déséquilibres importants, par exemple :
le stress augmente ***vata*** ;
la colère augmente ***pitta*** ;
la paresse augmente ***kapha***.

La diététique
Ahara

**« Fais du bien à ton corps pour que ton âme ait envie d'y rester. »
(proverbe indien)**

Selon l'ayurvéda, la façon de nous nourrir et notre alimentation quotidienne jouent un rôle de premier plan pour notre santé globale. Bien sûr, notre mode de vie (***vihara***, en sanskrit), notre état d'esprit (***manovyapara***) jouent aussi leur propre rôle.

L'ayurvéda nous fournit toutes les règles et les grands principes diététiques pour optimiser notre santé, la conserver jusqu'à un âge avancé, voire la régénérer (***rasayanas***) et, bien sûr, tenter de remédier à certains problèmes de santé chroniques qui nous gâchent la vie.

Avec ces principes et une bonne connaissance de sa propre constitution, nous pouvons comprendre les types d'aliments, les goûts qui sont les plus profitables à notre santé, telle qu'elle est au moment présent.

AHARA, LA DIÉTÉTIQUE, C'EST :

Le choix des aliments

Les aliments ne sont pas seulement évalués selon leur nature chimique (glucides, protéines, lipides) et leur teneur en vitamines ou en minéraux, mais aussi selon les qualités qu'ils nous procurent en les consommant. Ainsi, les aliments peuvent être :

– ***sattviques*** : ils donnent la pureté, la légèreté, la joie (par exemple, un fruit cueilli sur un arbre, des graines germées, etc.) ;

– ***rajasiques*** : ils donnent l'énergie, la force, le dynamisme (épices, fruits acides, etc.) ;

– ***tamasiques*** : ce sera l'inertie, l'ignorance et potentiellement l'énergie dormante qui sera fournie (par exemple, une nourriture préparée depuis plus de 48 heures, la viande, le fromage, l'alcool).

Les radiations

L'ayurvéda considère aussi que les radiations que les aliments ont reçues lors de leur croissance ou au cours de leur préparation culinaire sont à prendre en compte. Ces radiations peuvent être d'ordre :

– cosmique (graines germées) ;

– solaire (fruits mûris au soleil) ;

– terrestre (tubercules) ;

– humain (état d'âme de la personne qui les cueille ou qui les prépare) ;

– animal (la santé de l'animal est importante et l'ayurvéda privilégie un animal qui est souvent en mouvement comme un poisson ou un chevreuil plutôt qu'un animal qui reste enfermé toute la journée).

Les *viryas* (les « polarités »)

L'ayurvéda cherchera à équilibrer les effets que les aliments produisent lors de la digestion :
solaire : effet chaud (ex. : poivre) ;
lunaire : effet froid (ex. : banane).

Les *gunas* (les « qualités »)

Ce sont les qualités, les attributs et les vertus intrinsèques des aliments. Les ***gunas*** nous permettent de choisir ceux qui conviennent le mieux à nos **doshas** (constitutions) et de les maintenir en équilibre. Les attributs des trois **doshas** sont :

– **Vata** : léger, froid, rugueux, subtil, mobile, clair ;
– **Pitta** : huileux, vif, chaud, léger, mobile, liquide ;
– **Kapha** : lourd, lent, froid, huileux, visqueux, dense, mou, stable.

À chacun des cinq éléments, correspondent aussi plusieurs *gunas* :

• Les ***gunas*** de l'élément Terre sont stables, denses, lourds, stagnants, huileux, doux, grossiers, froids, faibles, durs, mous et visqueux.
• Les ***gunas*** de l'élément Air sont légers, secs, mobiles, rugueux, subtils, vifs et clairs.
• Les ***gunas*** de l'élément Feu sont chauds et vifs.
• Les ***gunas*** de l'élément Eau sont doux, froids, faibles, mous, liquides et clairs.
• Les ***gunas*** de l'élément Éther ou Espace sont rugueux et subtils.

On dénombre vingt ***gunas***, soit dix attributs antagonistes (par exemple, lourd/léger, chaud/froid). Le tabeau ci-dessous indique un ou plusieurs exemples d'aliments qui remplissent les critères pour chacun des ***gunas*** :

Lourd	Léger
Laitages	La plupart des épices
Huileux	Sec
Beurre, huiles, graines oléagineuses	Fruits secs, orge
Rugueux	Doux
Certaines salades, le légume indien karela	Lait, banane, miel
Grossier	Subtil
Sucre	Les épices comme le safran, la cardamome
Stable	Mobile
Pomme de terre, betterave, viande	Graines germées
Chaud	Froid
Piment, gingembre, ail, radis	Coriandre, fenouil, banane
Vif	Faible
Alcool	Crème
Dur	Mou
Noix	Beurre, avocat
Concentré	Liquide
Huiles essentielles	Eau, jus de fruits et de légumes
Visqueux	Clair
Aloe vera, kaki	Eau

LES *RASAS* : LES SIX « GOÛTS »

Rasa signifie le « jus nourricier », le « nectar ». En ayurvéda, le premier contact de la nourriture sur la langue, mélangée à la salive, s'appelle « *rasa* ». C'est la saveur que l'on ressent. Chaque substance – herbe, épice, légume, etc. – possède son propre goût (qui peut être aussi un mélange de goûts).

Il existe six goûts de base en diététique ayurvédique : le **sucré**, l'**acide**, le **salé**, l'**amer**, le **piquant** et l'**astringent**.

Pour ressentir tous les goûts avec subtilité, il faut tout d'abord que la langue soit être bien propre (voir p. 41). Ensuite, il faut bien se concentrer sur la nourriture ingérée pour en distinguer les différents goûts et comprendre ce qui est bon pour notre constitution et notre système digestif. Les six goûts sont représentés dans notre plasma et notre sang.

Le goût sucré

Exemples d'aliments sucrés : riz, sucre, miel, lait, blé, fruits secs, carottes, patates douces, etc. Beaucoup d'hydrates de carbone, de graisses et de protéines sont sucrés. Émotionnellement, les aliments sucrés apportent le plaisir, le confort, le contentement. Ils sont synonymes d'amour et de partage. Ils donnent aussi stabilité et longévité. Nous parlons ici des aliments naturellement sucrés, pas de ceux contenant du sucre raffiné.
En général, ces composants sont par nature (***gunas***) gras, rafraîchissants et lourds. Ils calment ***pitta*** et ***vata*** et sont associés aux éléments Terre et Eau. Ils donnent force et énergie. Ils sont recommandés aux enfants, aux personnes faibles et convalescentes, aux sportifs, aux femmes qui allaitent et aux personnes âgées.
Ils fortifient les sept tissus : plasma, sang, muscles, graisses, os, moelle osseuse, neurones ainsi que le système reproducteur.

Le goût sucré :
- améliore le teint de la peau ;
- fortifie les cheveux, la peau, la voix ;
- éveille les cinq sens, calme la soif et les sensations de brûlures ;
- répare les tissus, cicatrise les plaies ;
- augmente la masse corporelle, apporte de l'énergie et crée de la force s'il est correctement digéré.

Mise en garde : pris en excès, comme cela est courant de nos jours, le goût sucré augmente ***kapha*** et accroît la production de mucosités (rhume, toux, congestion, lourdeurs, perte d'appétit). Trop de sucre éteint le Feu digestif (voir p. 28). Avec le temps, le goût sucré favorise la paresse, l'obésité, les œdèmes, le diabète, les tumeurs.

Le goût acide

Exemples de saveurs acides : fruits acides, yaourt, vinaigre, citron vert, tamarin, aliments fermentés et certains fromages.

Les substances acides sont liquides, légères, chauffantes et onctueuses par nature.

Le goût acide augmente ***pitta*** et ***kapha***. Il est bon pour le cœur et la digestion. Pris modérément, il est rafraîchissant et appétissant. Il stimule le Feu digestif. Il élimine la sécheresse par sa capacité à favoriser la sécrétion des fluides. Il augmente la salive (exemple du citron), donne la clarté d'esprit.

Le goût acide :

- atténue les troubles du système nerveux des ***vatas*** anxieux ;
- améliore la digestion et donc l'élimination ;
- évite la formation de gaz ;
- permet la descente du ***vata*** « stagnant » et son expulsion.

Mise en garde : pris en excès, le goût acide peut diminuer l'énergie, donner soif, engendrer de l'acidité, des brûlures d'estomac, des ulcères, de l'eczéma, de l'acné, des cystites, de la fièvre.

Le goût salé

Exemples de saveurs salées : sel de roche, sel de mer, sel gemme.

Son énergie est chaude, lourde, lubrifiante. Il est associé aux éléments Eau et Feu. Le goût salé augmente ***pitta*** et ***kapha***.

Utilisé modérément, le goût salé calme ***vata***, débloque les canaux obstrués, les pores de la peau et augmente la capacité digestive et la salivation.

Ce goût est laxatif, il calme les douleurs du côlon, équilibre les fluides corporels, favorise la transpiration, pénètre dans chaque tissu.

Le goût salé :

- rehausse le goût de l'aliment ;
- stimule l'appétit ;
- permet une bonne absorption et une bonne élimination des déchets ;
- hydrate et nourrit le système nerveux.

Le sel chaud enveloppé dans un tissu (pochon) placé au niveau du sternum a des propriétés échauffantes et fluidifie les mucosités.

Mise en garde : pris en excès, le goût salé augmente ***pitta*** et ***kapha***, épaissit le sang et le rend visqueux, crée l'hypertension, un excès de transpiration. Il augmente les problèmes de peau, les rides, la chute des cheveux et aussi la rétention d'eau, l'œdème et les ulcères.

Le goût piquant

Exemples de saveurs piquantes : poivre, piment, gingembre, radis, oignon, ail, moutarde. Le goût piquant est léger, sec et chaud par nature. Il augmente ***vata*** et ***pitta*** et diminue ***kapha***. Il est associé aux éléments Feu et Air. Sa chaleur mordante ranime le Feu digestif et stimule le métabolisme.

Utilisé avec modération, il améliore l'absorption et la digestion. On trouve aussi la saveur piquante dans certaines huiles essentielles qui stimulent et revigorent.

Le goût piquant :

– nettoie la bouche ;

– purifie les sinus, les décongestionne et fluidifie les mucosités (prenez un peu de piment et dans les minutes qui suivent, vous éprouverez le besoin de vous moucher) ;

– améliore les affections pulmonaires comme la toux et celles qui s'accompagnent de sécrétions et de congestion ;

– permet une bonne circulation du sang, des fluides et de l'énergie (*prana*) ;

– élimine les caillots sanguins et les déchets corporels, tue les microbes et les parasites en stimulant le métabolisme, aide à la perte de poids ;

– dilate les canaux, augmente la vasodilatation et l'ouverture des pores, permettant d'éliminer par la transpiration les toxines non métabolisées.

Mise en garde : prise en excès, la chaleur de la saveur piquante irrite ***pitta***. Elle augmente la sensation de brûlure, la fatigue et la soif. Elle peut être cause de stérilité en tuant le sperme et les ovules lors d'absorptions trop importantes. Elle peut créer des diarrhées, de l'acidité, des nausées, des insomnies. En Inde, la trop grande consommation de piment est responsable des cancers de l'estomac.

À noter : le gingembre et l'ail cuits n'ont pas les effets secondaires cités ci-dessus.

Le goût amer

Exemples de saveurs amères : le café, les endives, les asperges, le curcuma, le fenugrec, l'***Aloe vera***, le cacao pur.

Le goût amer est lié aux éléments Air et Éther ; il est sec, léger et rafraîchissant par nature. Il augmente ***vata*** et diminue ***pitta*** et ***kapha***.

C'est le goût qui manque le plus dans notre nourriture occidentale. Ce n'est pas un goût facile. Le revers de la médaille est que ce goût étant indispensable à l'organisme, il nous faut le prendre, à un moment ou à un autre... sous forme de médicament.

En effet, de nombreux médicaments à base de plantes comportent ce goût « amer ».

Le goût amer draine et sèche l'excès de fluides et est le meilleur détoxifiant. Les plantes amères purifient le sang, modifiant le métabolisme, améliorant l'absorption, l'assimilation et l'élimination.

Ce goût nettoie la bouche. Il reste quelques minutes et enlève la perception des autres goûts.

La plante amère la plus connue en Inde est le ***neem***. C'est une plante ayurvédique célèbre pour ses propriétés anti-infectieuses et purificatrices du sang.

Le goût amer :

– calme les sensations de brûlures, les démangeaisons, stimule la fermeté de la peau mais la déshydrate aussi ;

– favorise les mouvements péristaltiques du côlon ;

– est un tonique digestif, stimule l'appétit et nettoie le palais ;

– tue les microbes et les parasites ;

– aide à l'élimination des graisses en cas de surcharge pondérale, assèche et « décape » l'adiposité, diminue la rétention d'eau dans le corps.

En Occident, nous n'avons jamais ce goût en excès, sauf à boire du café non sucré en quantités très importantes. Dans ce cas, il peut entraîner une perte de fer, de masses osseuse et musculaire.

Le goût astringent

Exemples de saveurs astringentes : banane pas assez mûre, pamplemousse, certaines légumineuses, curcuma, pierre d'alun (préparations médicinales), graines germées, certaines variétés de salades (épinard, chicorée, par exemple).

Associée aux éléments Terre et Air, c'est la plus sèche des saveurs ; elle est rafraîchissante, déshydratante et lourde par nature. Elle augmente ***vata***, calme ***pitta*** et ***kapha***.

Lorsqu'on mange un produit astringent, la bouche et la gorge se contractent, se dessèchent. La saveur astringente est présente dans les tannins concentrés dans la peau des fruits, les feuilles des arbres.

Le goût astringent :

- cicatrise les ulcères ;
- limite la perte de fluides corporels (diminue les saignements menstruels, les hémorragies, les diarrhées, l'écoulement vaginal) ;
- prévient l'accumulation du tissu adipeux et aide à la perte de poids ;
- atténue les inflammations.

Mise en garde : pris en excès, le goût astringent assèche la bouche et les cordes vocales. Il affaiblit le Feu digestif.

En conclusion

De nos jours, notre alimentation est dominée par trop de goûts sucrés, salés et acides. Par ailleurs, il nous manque trop souvent les goûts piquants, astringents et amers. Ces goûts sont en revanche très présents dans la nourriture indienne ayurvédique (épices, légumineuses, plantes ayurvédiques). Un vrai repas ayurvédique doit comporter les six goûts : ***Mung dal*** (lentilles corail) est un exemple type. Ces lentilles sont astringentes par nature. On leur ajoute de la tomate et du citron pour le goût acide, des graines de moutarde, du gingembre, de l'ail et du piment pour le goût piquant, du fenugrec et du curcuma pour le goût amer et astringent, et enfin de la mélasse pour le goût sucré (voir recette p. 156).

Pour faciliter vos courses et l'élaboration de vos menus en fonction de votre *dosha*, reproduisez ce petit mémo et mettez-le bien en vue dans votre cuisine :

DOSHAS	Privilégier les goûts	Diminuer les goûts
VATA	Sucré, salé et acide	Piquant, amer et astringent
PITTA	Sucré, amer et astringent	Acide, salé et piquant
KAPHA	Amer, piquant et astringent	Sucré, acide et salé

LES *SAMSKARAS* OU LA TRANSFORMATION DES ALIMENTS

Les qualités intrinsèques de l'aliment sont modifiées par le ou les types de préparation(s). L'objectif est d'en améliorer les effets bénéfiques, d'en réduire les effets néfastes, ainsi que d'en faire ressortir la subtilité. Le terme *samskara* signifie « donner la culture à l'aliment », le « civiliser », le « rendre plus digeste ».

Pour chaque *samskara*, nous donnerons un exemple de préparation :

· **Par l'eau :** faire tremper les pois chiches dans de l'eau pendant 12 heures réveille les graines et les rend plus digestes.

· **Par le feu (la cuisson) :** faire cuire le riz le rend plus digeste. Le riz cru n'est pas mangeable.

· **Par la terre et les cinq éléments :** un même aliment n'aura pas les mêmes vertus selon qu'il aura poussé dans un désert ou dans la montagne (énergie solaire, nature de la terre, pluviométrie).

· **Par l'air :** transformer du lait en beurre par le mouvement, l'aération, le barattage. Il en va de même pour la transformation du blanc d'œuf en neige.

· **Par le temps :** laisser agir le temps. Exemples : le levain, le fromage, le vin.

· **Par le parfum :** ajouter des herbes, des épices, des fleurs à l'aliment par la concentration : fabrication des huiles essentielles.

· **Par le type de récipient utilisé :** préférer l'Inox, le cuivre, l'argile. Éviter l'aluminium, le téflon, le plastique.

· **Par l'action d'écraser :** l'ail, le poivre, la cardamome, etc.

· **Par le *vaghar* :** faire éclater les graines dans un peu de matière grasse (huile ou ***ghee***). C'est un processus alchimique qui dégage les vertus intérieures de la graine (graines de moutarde ou de fenugrec par exemple).

· **Par la vibration subtile, le son, les prières, les *mantras* :** il est possible de transformer la nature de l'aliment. Les recherches sur la mémoire de l'eau du docteur japonais Masaru Emoto sont un bon exemple.

LA FRAÎCHEUR DES ALIMENTS TOUT JUSTE PRÉPARÉS, DE SAISON ET LES PLUS BIOLOGIQUES POSSIBLE

Comme nous l'avons vu précédemment, les aliments défraîchis génèrent des sensations de lourdeurs dans le corps (aliments considérés comme tamasiques).

Les fruits et légumes consommés en dehors de leur saison peuvent avoir un effet néfaste sur les Feux digestifs. Par exemple, consommer des fruits exotiques (qui ont une saveur froide) en période hivernale refroidit le corps et diminue inutilement les Feux digestifs qui sont nécessaires au maintien de la température du corps en hiver.

L'HARMONIE DES COULEURS

La nourriture doit être bien présentée, colorée, cela active les effets sur les *chakras*, les sécrétions salivaires et glandulaires. Cela augmente aussi la joie et le plaisir de manger.

Il doit y avoir de la couleur dans votre plat, il doit être ensoleillé, agréable à la vue, sentir bon, être savoureux pour les papilles !

Si la qualité des produits de base est fondamentale pour notre santé, il est d'autres aspects importants, tels que l'état d'esprit de la personne qui prépare la nourriture, l'atmosphère dans laquelle on la mange, comment on l'assimile puis comment on l'élimine.

LE REPAS LUI-MÊME

Le concept d'alimentation ayurvédique recouvre trois notions importantes : la santé, la joie de préparer et de manger, et la convivialité :

L'état d'esprit de la personne qui prépare les repas

Si vous donnez les mêmes ingrédients à deux personnes différentes, le résultat ne sera jamais le même.

Traditionnellement, en Inde, quand une maman prépare le repas pour ses enfants, elle va renforcer l'énergie de la nourriture par son amour, ses prières, ses chants, sa bonne humeur, ses vibrations positives... Cette sérénité, cette énergie pure peuvent changer les vibrations de la nourriture. La concentration lors de la préparation d'un repas est très importante, c'est une sorte de méditation.

L'atmosphère autour du repas

Il est conseillé de manger dans un lieu calme, en compagnie de personnes avec qui vous vous sentez en harmonie, sans bavardages excessifs.

La convivialité et le partage permettent d'augmenter l'appétit, de bien digérer, de créer une bonne atmosphère et par là même d'augmenter ses amitiés et ses relations.

Manger, c'est méditer, c'est une offrande à notre corps. Il faut avoir de la gratitude envers celui qui a préparé le repas, celui qui a travaillé dur dans les champs. Il faut éviter la colère, la tristesse, la peur et les énergies négatives autant que possible, car elles affectent immédiatement le processus digestif (ex : lors d'un deuil, l'appétit est coupé ; si l'on est trop amoureux, il en va de même).

Pendant le repas, il ne faut pas critiquer la nourriture.

Le Feu digestif

Jatharagni

Jathar : l'estomac
Agni : le Feu

Le Feu digestif est l'énergie responsable de notre bonne digestion. Dans la ***Baghavad Gita*** (texte sacré de l'hindouisme), Krishna dit à Arjuna : « Je suis dans le corps d'un être vivant comme un Feu digestif. Prends soin de moi, respecte-moi. Offre le meilleur pour toi et pour moi. Mange comme une offrande, une méditation car c'est moi qui digère tout. Tu me donnes une bonne nourriture et je te donne une bonne santé. »

On peut sentir ce Feu digestif lorsqu'on a faim. La digestion est une sorte de « cuisson intérieure ». C'est un processus alchimique de transformation des aliments par ce « feu intérieur ». Nous devons manger selon la capacité de notre Feu digestif. L'appétit et la digestion sont liés.

Une façon simple pour sentir votre propre Feu digestif : fermez les yeux, bouchez vos oreilles avec l'index et écoutez votre son intérieur pendant une minute : un peu comme une cheminée. C'est cela notre Feu digestif.

Le Feu digestif est responsable de notre longévité, de la lumière de notre corps, de notre santé, de notre enthousiasme, de notre chaleur interne, des transformations métaboliques de tous nos tissus, nos enzymes. Le Feu digestif est une variation de **pitta**. Il symbolise notre soleil intérieur qui est le plus actif en présence du soleil de notre univers (c'est pourquoi les repas copieux se digèrent mieux avant le coucher du soleil).

La première cause des maladies est le déséquilibre de notre Feu digestif. Un déséquilibre physique ou émotionnel commence toujours par un symptôme tel que le manque d'appétit, l'indigestion, les lourdeurs digestives, l'acidité, la faiblesse (manque de force), l'anémie, le manque d'enthousiasme.

Il existe quatre sortes de Feux digestifs :

- le régulier (bonne santé) ;
- l'irrégulier (constitution ou dominance **vata**) ;
- le fort (constitution ou dominance **pitta**) ;
- le faible (constitution ou dominance **kapha**).

COMMENT SAVOIR SI C'EST LE « VRAI APPÉTIT » QUI EST AU RENDEZ-VOUS ?

Plusieurs signaux se manifestent à vous :

- une sensation de faim très présente ;
- la légèreté du corps ;
- l'enthousiasme ;
- des selles et des urines sans odeurs fortes, sans gaz et sans forcer ;
- une bonne digestion du repas précédent.

Il existe deux sortes d'appétits :

- le vrai appétit physique ;
- l'appétit émotionnel.

Les émotions, positives ou négatives, jouent beaucoup sur notre appétit.

COMMENT AMÉLIORER LE FEU DIGESTIF ?

1/ Par le jeûne : le Feu digestif n'a pas de travail de digestion, il s'occupe alors d'éliminer les toxines anciennes ;

2/ En prenant quelques fines tranches de gingembre, un peu de sel et quelques gouttes de citron en accompagnement de votre repas ;

3/ En recevant des massages à l'huile de sésame suivis d'un bain de soleil ;

4/ En marchant quotidiennement et en pratiquant un exercice physique régulier.

La prédigestion

Il faut sentir et savourer l'aliment, bien le mélanger avec la salive, comme une purée, avant de l'avaler. Mastiquez bien et la moitié de vos soucis digestifs seront résolus !
Trop souvent on mange vite, sans mâcher correctement, soit parce qu'on a très faim, soit parce qu'on est pressé, soit tout simplement parce que c'est très bon. Attention, la digestion commence dans la bouche !
Importance de la quantité absorbée : l'ayurvéda recommande qu'à chaque repas, l'estomac soit rempli par...
- 1/3 d'aliments solides ;
- 1/3 d'aliments liquides ;
- 1/3 de vide pour permettre la circulation de l'air.

N'absorbez les aliments solides que lorsqu'ils ont été suffisamment mâchés et imprégnés de salive, cela facilite la digestion. De même, il est important de ne pas avaler l'eau directement mais plutôt de la « mâcher » dans la bouche pour qu'elle se mette à la température du corps et n'éteigne pas les Feux digestifs.
Les personnes qui désirent perdre du poids en tiendront compte : si l'on mastique bien et qu'on savoure l'aliment, on absorbe une quantité bien moindre.
Pour ce faire, l'aliment doit avoir un bon goût et stimuler les papilles ; ainsi les sécrétions digestives seront-elles plus actives.

La digestion

Selon l'ayurvéda, marcher une dizaine de minutes après le repas permet d'activer les processus digestifs. Dans les pays chauds et à partir d'un certain âge, une petite sieste de 20 minutes, allongé sur le côté gauche, favorise la digestion.

Une règle d'or :

« Boire les aliments solides, manger les aliments liquides. »

Après le repas, l'énergie et la circulation sanguine se concentrent sur la digestion. De ce fait, moins de sang afflue vers le cerveau ; il est alors difficile de bien se concentrer sur un travail intellectuel car un état de semi-somnolence se crée. Dans ce cas, mieux vaut se reposer 5 minutes les yeux fermés.

Dans les pays chauds, la circulation périphérique du corps est très élevée, car elle doit s'ajuster à la transpiration due à la température extérieure élevée. En revanche, la circulation interne est basse. Et c'est pour cela que la consommation de piment et d'épices chauffantes est importante pour la sécrétion des sucs digestifs requis pour une bonne digestion. En Inde par exemple, il est recommandé, durant les périodes de grosse chaleur, d'absorber une nourriture légère. C'est l'une des raisons pour lesquelles ce pays est plutôt végétarien.

Dans les pays froids, c'est le contraire. La circulation périphérique est basse et la circulation interne est élevée. Ainsi, on digérera plus facilement une nourriture grasse et carnée. C'est pourquoi les habitants proches du pôle Nord peuvent digérer une viande crue, boire le sang des animaux et l'assimiler correctement.

Si l'animal a vécu sainement, s'il a bougé, couru et n'a pas reçu d'antibiotiques, on peut consommer un peu de viande, sans excès, et la digérer correctement (environ une fois par semaine comme nos arrière-grands-parents) et tant que nous sommes actifs.

L'élimination

Notre corps physique crée des déchets et des toxines et doit donc les éliminer par les selles, l'urine et la transpiration. Il est important d'aller à la selle à heures régulières le matin. Selon l'ayurvéda, un système digestif « propre » augmente nos défenses immunitaires. Si la fonction éliminatoire se fait mal, le système digestif reste chargé de déchets et d'éléments toxiques. Le berceau et l'origine première des maladies se trouvent dans cette accumulation de déchets stagnants. Il est bon de boire un verre d'eau chaude le matin, pure ou avec quelques gouttes de citron (voir les boissons chaudes, p. 214). Si cela n'est pas suffisant pour une bonne élimination, on peut faire quelques étirements et torsions au niveau du ventre, voire le masser avec quelques gouttes d'huile de moutarde.

L'eau chaude ou à température ambiante favorise aussi une bonne élimination de l'urine.

Pour éliminer par la transpiration (mais sans odeurs !), il faut bouger, marcher, bien s'aérer, faire du sport. Dans nos contrées, l'hiver ne favorise pas la transpiration, on peut alors faire de temps à autre un sauna ou un hammam.

Il n'y a pas d'odeurs fortes de la transpiration si l'alimentation est saine.

Mais il est vrai que beaucoup d'entre nous restent assis de longues journées sur une chaise, à leur travail, avec des vêtements serrés, face à un ordinateur ! Tout cela bloque la respiration, la digestion et la transpiration ! Il y a aussi le fait que dans nos sociétés, on doit se retenir : gaz, pets et rôts, bâillements, éternuements, toutes ces formes d'élimination ne sont pas permises ou mal admises. À long terme, cela peut s'avérer néfaste pour la santé.

Outre la diététique et l'art de bien se nourrir, l'ayurvéda possède bien d'autres moyens pour rester en bonne santé : les exercices de yoga et de ***pranayama*** (respirations), le massage ayurvédique, le ***panchakarma*** (nettoyages internes) et les ***rasayanas*** (méthodes de réjuvénation). Une véritable cure de jouvence attend ceux qui suivront ces grands principes de détoxification ayurvédique.

Questions Réponses

QUELLE QUANTITÉ DE NOURRITURE DEVONS-NOUS CONSOMMER À CHAQUE REPAS ?

Selon l'ayurvéda, chaque individu est « unique » : aucune mesure ne convient à tous. Il faut tenir compte des doshas, du pays, de la saison, de l'activité physique, du sexe, de l'âge.

Les règles ayurvédiques divisent l'estomac en trois parties. Une partie est destinée aux aliments solides, une partie aux liquides et la dernière est libre pour que l'air puisse circuler.

Comment savoir que l'on a mangé à sa faim ?

Cela implique d'être à l'écoute de notre corps. Après le repas, il faut se sentir léger, on ne doit pas éprouver de tensions au niveau de l'abdomen, ni sur les côtés. On ne doit ressentir ni saturation, ni sensation de lourdeur lorsqu'on se lève, ni de blocage au niveau du diaphragme. On doit se sentir à l'aise assis, debout, allongé et dans le mouvement.

L'appétit et la soif sont calmés. Les cinq sens sont dans un état de « contentement ».

Notons que les impressions de lourdeurs d'estomac peuvent être dues à un aliment ou une substance qui se digère mal.

QUE PENSE L'AYURVÉDA DE L'ALLERGIE AU GLUTEN ET AUX LAITAGES ?

Ces allergies sont relativement récentes. Elles sont en augmentation considérable dans les pays occidentaux, car elles découlent de nos changements de modes alimentaires.

Les intolérances de ce type sont quasiment inexistantes en Inde. Analysons donc ces deux cas :

Le gluten

Dans nos traditions alimentaires, le pain est présent, pour nombre d'entre nous, au petit déjeuner, au déjeuner, au goûter et au dîner, donc... on en consomme beaucoup trop !

Les blés utilisés pour fabriquer le pain blanc comportent trop de gluten. Certes, grâce à l'apport de gluten, le pain est bien « aéré » et il a un bon goût. Mais cela n'est pas bon pour la santé.

La farine blanche et la levure sont deux ingrédients qui « collent » dans les intestins (pas de son, pas de fibres). La levure ne gonfle pas seulement le pain, mais aussi le ventre où elle favorise la production de ballonnements, flatulences et gaz intestinaux.

Si notre corps a un pH acide, dû à une consommation trop importante de viandes, de laitages et de plats préparés, cela favorisera systématiquement la survenue d'allergies.

En revanche, une personne qui mange du pain bio, aux céréales variées et seulement au petit déjeuner, sans exagération, n'aura pas ce type d'intolérance.

En Inde, la grande majorité de la population consomme encore des chapati ou autres galettes à la farine complète, faites maison, avec des variétés de blé qui comportent beaucoup moins de gluten. Les galettes sont aussi faites avec d'autres céréales, telles que le millet, le riz ou le maïs. C'est pour cela que ce type d'allergie est rare.

Notons qu'une épice telle que le curcuma, utilisée tous les jours dans l'alimentation indienne, est anti-allergène.

Les laitages

En ce qui concerne les laitages, leur consommation en Occident est depuis une cinquantaine d'années « exagérée » : fromages gras et très variés sont consommés quotidiennement par une majorité de personnes. On boit du lait de longue conservation, souvent non biologique, et qui contient donc des traces d'hormones et d'antibiotiques.

Tout cela est souvent associé à une vie sédentaire (manque d'exercice, manque de transpiration) qui amplifie les risques d'allergies car l'élimination se fait mal.

En Inde, la population consomme du lait. Et il n'y a pas d'allergies. Mais le lait est très léger, comparé au nôtre. On mange aussi un yaourt « fait maison », mais pas de fromage.

Les personnes allergiques aux produits laitiers peuvent consommer le tchass, une boisson à base de yaourt allégé (voir les boissons fraîches, p. 204), ou une boisson aux amandes non sucrée.

J'AI UNE MALADIE DÉGÉNÉRATIVE OU UN CANCER. QUEL MODE D'ALIMENTATION DOIS-JE PRIVILÉGIER ?

Il faut tout d'abord opter pour une alimentation aussi biologique que possible, en achetant des produits « bruts » et « locaux ». Se poser la question lors des achats : ces produits viennent-ils directement de la nature ou d'une usine agroalimentaire ?

Nous devons prendre le temps de cuisiner nous-mêmes les produits achetés. Il est indispensable de privilégier les aliments fraîchement préparés avec des épices douces et antioxydantes, telles que le curcuma, le cumin, la coriandre, le fenouil, le gingembre frais, la cardamome, le safran, et bien d'autres.

La nourriture doit être variée, équilibrée, sans excès (céréales complètes, légumes secs, légumes et fruits de saison, graines oléagineuses, huiles variées, herbes et aromates). Les jus de légumes frais et biologiques « faits maison » avec quelques herbes fraîches sont tout particulièrement conseillés.

Il est également recommandé d'éviter les aliments lourds, tels que les viandes, les fromages gras et les desserts sucrés.

Notons qu'il faut savoir adapter sa nourriture à sa propre constitution, son mode de vie, son âge. Et il est particulièrement important de bien observer sa digestion, son assimilation, son élimination.

J'AI BESOIN DE GRIGNOTER ENTRE LES REPAS. QUE FAIRE POUR Y REMÉDIER ?

Le grignotage, en effet, n'est pas notre meilleur ami. Tout d'abord, il faut analyser cette envie. Est-ce une véritable sensation de faim du corps ? ou une habitude quelque peu compulsive, provoquée par une forte émotion négative du mental ? Heureusement, il existe des astuces simples pour combattre nos fringales :

· Une personne de constitution ***vata*** peut manger de petites quantités plusieurs fois par jour pour avoir de la force et de l'énergie : gâteaux à base de fruits secs, noix, amandes...

· Une personne de tendance ***pitta*** doit plutôt privilégier les jus de fruits, les fruits frais, les compotes, etc.

· Une personne de type ***kapha*** devra plutôt boire des tisanes chaudes épicées. En cas de « vraie » faim, elle peut consommer une galette de maïs, de sarrasin... Mais manger sans arrêt des viennoiseries, du pain, du fromage ou des biscuits est un grignotage qui peut avoir des conséquences néfastes à long terme et pas seulement sur notre ligne (obésité, diabète, cholestérol, etc.).

Notons qu'un repas englouti à la va-vite ne nous rassasiera pas, il faut donc prendre le temps de manger. En outre, le système digestif a besoin d'un véritable temps de repos entre chaque repas.

QUELLES SONT LES RÈGLES SUR LE PLAN ALIMENTAIRE POUR RESTER EN BONNE SANTÉ ?

Une vie quotidienne trop irrégulière et trop d'occupations favorisent les dérèglements alimentaires avec leurs conséquences.

Il faut savoir prendre le temps de préparer une nourriture fraîche, qui sera plus digeste. Il ne faut pas manger sans faim, ni lorsque le repas précédent n'a pas été digéré correctement.

En cas de constipation, il est prudent de limiter la quantité d'aliments ; cette accumulation peut s'avérer très négative pour notre santé. Augmenter la quantité de fibres et boire régulièrement et en quantité suffisante pour augmenter la fréquence des selles.

Éviter de se remettre au travail, en restant assis, tout de suite après le repas. Il est recommandé de marcher une dizaine de minutes pour faciliter le bon déroulement du transit.

JE VOUDRAIS MODIFIER MA NOURRITURE. COMMENT ADOPTER UNE ALIMENTATION VÉGÉTARIENNE ÉQUILIBRÉE ?

En Occident, le végétarisme est une démarche contraire à des siècles de tradition culinaire. Il est donc prudent de modifier son alimentation de manière progressive.

Si vous supprimez en partie, ou totalement, la viande de vos menus, il vous faudra faire l'association suivante, au cours d'au moins un repas par jour : « légumes, légumineuses, céréales ». C'est le seul moyen d'avoir une alimentation équilibrée, avec suffisamment de protéines. Les Indiens associent toujours le riz au *dal* (légumineuses). Un légume l'accompagne généralement.

Les crudités sont toujours les bienvenues, de préférence avec des légumes de saison. Elles peuvent être remplacées par une cuillerée à soupe de graines germées, pleines de vitalité.

Il est aussi très important de consommer des produits laitiers sous forme de yaourt. Les Indiens végétariens en mangent une quantité relativement importante (raïtas, sauces, lassis, desserts). En Inde, le yaourt est élaboré avec du lait de vache ou de bufflonne. On peut aussi manger du yaourt au lait de brebis ou au soja : ces deux laits sont particulièrement conseillés aux personnes allergiques au lactose, glucide contenu dans le lait de vache.

AVEC UNE ALIMENTATION VÉGÉTARIENNE, NE VAIS-JE PAS QUITTER LA TABLE AVEC LA SENSATION DE FAIM ?

C'est une question que se posent beaucoup de Français, mal informés et grands consommateurs de produits carnés. Contrairement aux idées reçues, être végétarien ne signifie pas que l'on ne mange que de la salade verte ! La nourriture végétarienne est variée, énergétique et très digeste. Il est également à souligner que les sportifs végétariens ont plus d'endurance (Carl Lewis, Martina Navratilova, Surya Bonaly et bien d'autres[1]). Les céréales et les légumineuses apportent une sensation de satiété. On peut en manger une grande quantité. Les fruits secs (raisins secs, amandes, noix, noisettes, dattes, figues) sont aussi très nourrissants.

LES LÉGUMINEUSES NE PROVOQUENT-ELLES PAS DES GAZ INTESTINAUX ?

De tous les aliments d'origine végétale, les légumineuses (pois secs, pois chiches, lentilles, haricots secs), possèdent la plus haute teneur en protéines. Mais elles ont la mauvaise réputation de créer des troubles digestifs lorsqu'elles ne sont pas équilibrées avec certaines épices. Pour optimiser ces précieuses protéines, leurs meilleures partenaires sont des épices telles que :

– les graines de moutarde, qui augmentent l'élément Feu (le Feu digestif ou capacité de digestion, voir p. 28) et qui éliminent l'élément Air ;

– les graines de cumin, l'assa-fœtida, le thym indien, qui éliminent l'élément Air.

Par ailleurs, les légumineuses doivent être bien cuites, les graines doivent être molles ou réduites en purée pour être bien digérées. Il ne faut surtout pas faire cuire les légumineuses dans l'eau de trempage et elles doivent être consommées le jour même. Selon l'ayurvéda, si vous les consommez le lendemain, elles vous donneront des gaz intestinaux. Il vous faudra donc régénérer votre plat avec un second *vaghar*, composé d'une cuillerée d'huile, de thym indien et d'une gousse d'ail pilée (voir techniques de base, p. 147).

---

[1] Source : l'Association végétarienne de France

QUE CONSEILLEZ-VOUS DE BOIRE PENDANT LES REPAS ?

Selon l'ayurvéda, il faut éviter de boire pendant les repas. Cela dilue les sucs gastriques et la digestion en souffre. Il est recommandé de boire de l'eau une demi-heure avant et après les repas.

On conseille aussi de prendre, entre les repas, des boissons chaudes comme le *tchai* (thé indien), les tisanes ou des boissons fraîches, comme les jus de fruits ou de légumes. Vous profiterez au maximum de leurs bienfaits.

L'eau pure est la meilleure boisson que préconise l'ayurvéda. Il existe en Inde une recette très ancienne qui a fait ses preuves depuis des siècles, c'est ***usha pan*** ou « l'eau cuivrée ».

L'eau cuivrée facilite le transit intestinal, aide à régulariser les problèmes de poids, prévient les infections et ralentit le vieillissement. Pour la préparer, reportez-vous au chapitre Boissons, p. 214. Vous pouvez consommer cette eau le matin, à jeun, puis plusieurs fois au long de la journée.

QUELS SONT LES BIENFAITS SUR L'ORGANISME D'UNE ALIMENTATION VÉGÉTARIENNE ?

C'est une nourriture à la fois énergétique et légère, facile à digérer et fondamentalement « sattvique ». Les cinq éléments (voir p. 12) sont en harmonie et les six goûts (voir p. 22) sont souvent représentés.

Une alimentation végétarienne équilibrée, à base de produits de qualité, génère beaucoup moins de toxines dans le corps et allège le travail du système digestif, évitant ainsi un vieillissement prématuré des artères, du foie, des organes d'élimination, etc.

Les épices aux vertus médicinales contribuent à l'équilibre des trois **doshas**. Elles augmentent le Feu digestif et calment le système nerveux. Elles donnent un goût et des couleurs qui dénouent le plexus solaire et rendent le mental gai. Enfin, elles améliorent le fonctionnement des intestins, des poumons, des sécrétions hormonales et glandulaires.

POUVEZ-VOUS NOUS DONNER UNE IDÉE DE MENU AYURVÉDIQUE DÉTOX ?

Un des deux repas de la journée doit être une association légumes/légumineuses/céréales. Celle-ci est indispensable à un repas équilibré.

Pour le midi :

– Salade composée avec quelques graines germées et des herbes. Vous pouvez accompagner cette salade d'un peu d'atchar de curcuma (p. 178), de soja ayurvédique (p. 154) et d'un mélange digestif (p. 190).

Pour le soir :

– Bouillon épicé (***rasam***, p. 166),

– ***Kitchedi*** et ***Kadhi*** (p. 162 et 165),

– Mélange digestif,

– Infusion selon son ***dosha***.

Se concentrer sur la nourriture. Manger lentement et bien mâcher.

OÙ TROUVER LES PRODUITS ?

Si le clou de girofle, la cannelle ou le safran sont facilement disponibles, un certain nombre d'épices sont spécifiques à la cuisine indienne. Vous pourrez vous les procurer dans les magasins spécialisés en produits de l'Inde, de la Chine (gingembre frais, par exemple) ou du Moyen-Orient.

Les épices fraîches ou moulues depuis peu ont évidemment plus de goût. Préférez la cardamome bien verte à la blanche (moins parfumée). Réalisez vous-même votre mélange pour le ***tchai*** (voir recette, p. 224) ou le ***garam masala***.

Dans les épiceries indiennes, vous trouverez aussi toutes les variétés de ***dal***, de riz basmati, des légumes tels que les karelas (courge amère), les gombos, les mangues, et bien d'autres encore.

Les magasins de produits biologiques vous fourniront certaines légumineuses (soja, lentilles corail, huiles de qualité, mélasse, etc.).

Le centre TAPOVAN a fait les efforts nécessaires pour se procurer un certain nombre de produits. La majorité des épices utilisées dans ce livre y sont disponibles, avec une garantie biologique. Nous les choisissons en fonction de leur fraîcheur pour obtenir un goût supérieur.

Des mélanges tout prêts sont également disponibles, tels que le ***khitchedi*** (riz, légumineuses, épices), le riz ***pulao*** (riz aux légumes) et la poudre rouge (paprika, piment, moutarde, fenugrec, assa-fœtida, huile et sel).

OÙ PRENDRE DES COURS DE CUISINE INDIENNE VÉGÉTARIENNE ?

Le centre TAPOVAN2 organise un cours de cuisine indienne végétarienne une fois par mois à Paris, des formations de cuisine et de diététique ayurvédique durant l'été dans son centre de Normandie et des formations à l'ayurvéda et au massage ayurvédique.

[2] CENTRE TAPOVAN - 9, rue Gutenberg, 75015 PARIS
Tapovan@wanadoo.fr (Paris) – Tél. : 01 45 77 90 59
Tapovan@tapovan.com (Normandie) – Tél. : 02 35 29 20 21

Détox

Introduction à la détox ayurvédique

Le terme « détox » est très à la mode de nos jours, voire galvaudé. Magazines ou émissions de télé présentent tous la dernière « détox » à la mode. Le mot est en effet porteur : nous en avons besoin, particulièrement avec nos modes de vie actuels.

En Inde, la détoxification existe depuis bien longtemps. C'est un principe très intégré au quotidien, pendant les changements de saison, lors d'évènements particuliers (mariage, accouchement, maladies). Cette détox a un caractère très profond, la source vient du yoga, de l'ayurvéda, des traditions familiales très anciennes.

La détox ayurvédique ne s'adresse pas seulement au corps. Elle est globale, elle touche tous les niveaux de notre être : le corps physique, mais aussi le corps émotionnel, les cinq sens, les pensées, les paroles, le passé douloureux. Et, de nos jours, nous avons besoin d'une détox digitale...

L'ayurvéda et le yoga nous emmènent dans une détox de plus en plus subtile.

POURQUOI SE DÉTOXIFIER ?

Le but de la détox est de prévenir les maladies et atteindre un état de bien-être maximal.

C'est aussi le premier but du yoga et de l'ayurvéda. Tout ce que nous mangeons, buvons, respirons, regardons, entendons, disons, sentons, touchons et pensons génèrent de nombreuses toxines et nous devons régulièrement les évacuer si nous voulons rester en bonne santé, avoir une vie longue et riche, rester « jeune » aussi longtemps que possible.

Les toxines s'accumulent d'abord dans le système digestif. Une mauvaise digestion crée des substances collantes (appelées AMA en ayurvéda) qui restent collées aux parois intestinales. Au bout d'un certain temps, le corps n'arrive plus à assimiler ni à éliminer les toxines. Depuis les parois intestinales, elles vont voyager dans les systèmes et organes jusqu'à rencontrer une faiblesse dans notre organisme (par exemple : mucosités dans les poumons, calculs rénaux ou dans la vésicule biliaire, mauvais cholestérol dans le sang, etc.). Ce sont des exemples courants.

COMMENT SE DÉTOXIFIER ?

CORPS PHYSIQUE

Nous avons 5 organes de détoxification :
. le côlon ;
. les reins ;
. la peau ;
. les poumons ;
. le foie.

Il faut régulièrement détoxifier et purifier ces organes. Selon l'ayurvéda, toutes les maladies naissent par l'augmentation, puis le débordement des toxines que le corps n'arrive plus à gérer. C'est le cas des symptômes suivants : fatigue chronique, mauvaise digestion, mauvaise haleine, douleurs corporelles, problèmes de peau, démangeaisons, troubles du sommeil, manque d'enthousiasme voire dépression.

Le côlon

Il faut garder le côlon propre avec un bon transit quotidien.

Les reins

Il faut boire assez d'eau et ne pas se retenir d'uriner lorsque vous en ressentez le besoin. La rétention d'urine peut être néfaste.

La peau

Il faut transpirer quotidiennement, soit par l'activité physique, soit par la chaleur (sauna ou soleil).

Les poumons

Il faut améliorer ses capacités respiratoires par la pratique du *pranayama*. Il ne faut pas accumuler les mucosités (éviter les produits laitiers).

Le foie

Il faut éviter ou diminuer l'alcool, les mauvaises graisses, une prise de médicaments régulière et la colère.

Il existe de nombreuses toxines extérieures, telles que la pollution des éléments air, eau et terre par les pesticides, les métaux lourds, les rejets industriels, la fumée des cigarettes...

LES CINQ SENS

Subtilement, notre esprit est très connecté avec les sens. Les sens physiques sont ceux qui sont visibles à l'extérieur. Une trop grande ou une mauvaise utilisation des sens peut causer des maladies physiques, mais aussi psychologiques.

Vision (les yeux) :

sur utilisation des yeux (écrans, portables, télé). Les opticiens ont de belles années devant eux !

Ouïe (les oreilles) :

sur utilisation des oreilles (bruit, écouteurs, musiques trop fortes). Cela conduit à des problèmes de surdité chez les jeunes. Les vendeurs d'appareils auditifs ont de belles années devant eux !

Le toucher (la peau) :

les multiples expositions au soleil, les crèmes chimiques, les déodorants favorisent les problèmes de peau.

L'odorat (le nez) :

nous ne respirons pas que le parfum des roses anciennes mais aussi la pollution atmosphérique, les produits chimiques, la fumée des cigarettes du conjoint...

Le goût :

il y a une perte de goût due aux aliments industriels insipides et au tabac.

Les solutions – une détox des sens

Il faut traiter la cause avant tout, mais ce n'est pas toujours possible.

Vision :

- pratiquer le yoga des yeux
- Masser la tête
- Pratiquer le massage Kansu
- Faire le palming
- Boire des jus de carotte et myrtille

Ouïe :

- mettre deux gouttes d'huile de sésame tiède dans chacune des oreilles

Toucher :

- Transpirer
- Pratiquer le massage Udvartana (farine de pois chiche et yaourt, voir p. 46)
- Massage ayurvédique (abhyanga) à l'huile de sésame
- Aloe vera

Odorat :

- pratiquer le néti et nasya (voir p. 45...)

Goût :

- nettoyer la langue avant de parler le matin avec un gratte-langue (voir p. 45)
- Pratiquer gandouche (voir p. 45)

LE CORPS MENTAL

Dans les textes anciens du yoga, notre mental est comparé à un singe qui saute de branche en branche dans une agitation perpétuelle.

Mais si ce singe a bu, son agitation et son action s'accélère. Maintenant, imaginez que ce singe alcoolisé soit piqué par une guêpe, il devient irritable. Ce singe est comme notre esprit.

En plus d'être agité, notre mental est sujet à toutes sortes de pensées et d'émotions négatives que nous avons bien de la peine à contrôler (si nous essayons...). Toutes sortes de pensées passent par notre tête (désirs inappropriés, colère, peurs, tristesse, jalousie, angoisse voire violence, etc.). Il y a aussi notre passé douloureux.

Comment gérer tout cela, comment se détoxifier progressivement ?

Chaque pensée laisse une trace émotionnelle et lorsqu'elle est répétée, elle devient une habitude. Cette habitude dessine notre caractère et c'est notre caractère qui crée notre destinée. Les pensées positives peuvent ainsi faire évoluer notre chemin de vie dans le bon sens.

Souvent, nous retenons nos émotions. Ce ne sont pas les émotions qui s'accrochent à nous. C'est nous qui sommes attachés à elles. Nous ne devons pas répéter mentalement les expériences douloureuses du passé, les ressasser. C'est ainsi qu'on se fait beaucoup de mal à soi-même. Ne vivons pas dans le passé, vivons dans l'instant présent.

Selon les textes du yoga et de l'Ayurvéda, les pensées sont très liées avec le souffle.

Souffle rapide : pensée rapide

Souffle lent : pensée ralentie

Le travail sur le souffle, c'est le bouton qui éteint les pensées et les émotions négatives. Pour les gérer, l'une des solutions se trouve dans la respiration lente et profonde ; les techniques de *pranayama*, la relaxation, la sophrologie, la méditation nous aident aussi, ainsi qu'un contact vivifiant avec les cinq grands éléments de la nature, afin de se purifier et de se recharger positivement.

Quelques exemples : marcher sur le bord de mer au grand air ; être au contact avec la terre ; se promener dans les bois ou jardiner ; regarder un feu de cheminée...

Les activités créatives et artistiques dirigent aussi nos pensées et nos émotions vers d'autres sphères... Il faut mettre tout en œuvre pour changer dans notre vie ce qui peut l'être.

Il faut éviter les conflits mentaux avec soi-même. Et pour le reste, il faut accepter...

LES PAROLES

Les paroles positives sont capables d'apaiser l'autre et de faire du bien.
Vibratoirement, les paroles négatives abîment notre santé.
Les paroles inutiles (mensonges, bavardages, critiques des autres jouent négativement sur notre santé).
Les phrases qui sortent de votre bouche doivent ainsi être filtrées trois fois :

- est-ce que ma parole est utile ?
- est-ce la vérité ?
- ma parole est-elle constructive ?

Dans l'Inde ancienne, les sages pratiquaient le jeûne de parole. Certains d'entre eux restaient en silence pendant des années pour purifier leur être. Chanter le « OM » et des mantras est aussi une façon de purifier ses paroles.

UNE DÉTOX QUI N'EXISTE QUE DEPUIS PEU : LA DÉTOX DIGITALE !

Pour le meilleur et pour le pire, nous sommes tous devenus les esclaves des écrans (portables, ordinateurs, télé...). Toutes ces inventions ont été créées pour nous faire économiser du temps, nous permettre d'accéder à une information infinie... Mais elles sont devenues chronophages et lourdement addictives pour beaucoup d'entre nous.
L'utilisation des portables dès le plus jeune âge, en plus de créer une énième addiction, favorisera les problèmes de cervicales, les problèmes de vue, une fatigue chronique (manque de sommeil), voire des problèmes neurologiques. Aussi la sédentarité, l'enfermement sur soi, une distension des relations familiales.
Bref, une détox digitale de quelques jours, ou une maîtrise de l'outil avec une limitation du temps passé, s'avérera plus que nécessaire. Essayez de vivre 3 jours sans votre portable ; pas si facile pour nombre d'entre nous.

Dincharya

Dincharya (de *din* « jour » et *charya* « s'accorder ») est une routine de la journée et une détox quotidienne. Elle permet une détoxification régulière de l'organisme.

Notre propre système est très lié aux cycles du Soleil et de la Lune. Le rythme de notre corps est en phase avec les champs magnétiques de la terre, avec la lumière et l'obscurité, le mouvement et la stabilité. Selon l'ayurvéda, certains organes de notre corps sont activés pendant certaines phases de la journée.

Avoir une régularité dans la journée permet de régler votre appétit, votre digestion, l'élimination, le sommeil. Les personnes qui travaillent en horaires décalés ont plus de difficultés à préserver une bonne santé (infirmières, hôtesses de l'air par exemple).

Cette purification quotidienne est une sorte de « management journalier ».

Dans la nature, on voit toujours les animaux, les oiseaux en harmonie avec les cycles du Soleil et de la Lune.

Pour commencer ce programme, choisissez une journée où vous êtes libre de toute autre tâche et disposez du temps nécessaire pour bien vous concentrer sur les différentes « détox ». Ensuite, lorsqu'une routine s'installera, vous pourrez appliquer ce programme plus régulièrement et rapidement.

Le réveil

Idéalement, il faut se réveiller autour de 6h. Tôt le matin, la vie tourne au ralenti, tout est plus calme et méditatif. Il y a plus d'oxygène et moins de pollution atmosphérique. Il y a aussi moins de pollution des pensées. L'énergie est plus positive. En revanche, cela signifie qu'il faut se coucher tôt.

L'élimination

Selon l'ayurvéda, les maladies naissent dans le côlon et la bonne santé naît aussi dans un côlon propre.

De nos jours, avec une vie et un travail sédentaire, cette partie du corps ne bouge pas assez. Dans l'idéal, il faut toujours aller à la selle le matin, avant le petit déjeuner.

Quelques astuces pour prendre de bonnes habitudes :

- boire un verre d'eau chaude à jeun ;
- faire quelques étirements et torsions ou rester accroupi ;
- faire des respirations abdominales ;
- si cela n'est pas suffisant, prendre une demi-cuillère à café de Triphala avec de l'eau chaude la veille avant d'aller dormir (et loin du repas).

Avec ces méthodes faciles, vous activez le mouvement péristaltique des intestins.

Lorsque vous allez aux toilettes, ne forcez jamais, mais créez l'habitude, éduquez l'intestin. Et si vous avez envie d'uriner ou d'aller à la selle pendant la journée, n'attendez pas et ne réfrénez pas l'envie. Les intestins sont notre deuxième cerveau !

En Inde, on dit « côlon coincé = visage coincé » et « côlon libéré = bonne humeur, clarté d'esprit et beauté du visage ».

Le nettoyage de la langue

Le nettoyage de la langue est une partie essentielle des rituels ayurvédiques quotidiens. En ayurvéda, la santé de la langue est le reflet de l'état de santé du système digestif. Une langue chargée est un signe majeur de la présence de toxines. Une mauvaise haleine indique un Feu digestif faible et la présence d'AMA (toxines).

Se brosser les dents ne suffit pas. Pendant la nuit, le système digestif élimine les toxines de notre corps en les déposant à la surface, sur la langue. Si ces toxines ne sont pas éliminées, elles sont réabsorbées par le corps et peuvent entraîner à la longue des difficultés respiratoires, des problèmes digestifs et un système immunitaire affaibli. De plus, cela abîme les dents.

Le nettoyage de la langue élimine les toxines et la mauvaise haleine et stimule la digestion. Le gratte-langue peut être en cuivre, argent ou Inox.

Nettoyage des dents

Notre salive étant sucrée, la plupart des dentifrices du commerce ne nettoient pas la bouche et les dents convenablement.

Il faut un dentifrice au goût amer, astringent et piquant.

Un dentifrice idéal :

- 1 cuillère à soupe de charbon végétal ou Triphala ;
- 1 cuillère à café d'huile de coco ;
- 1 cuillère à café d'Aloe vera ;
- 3 gouttes d'huile essentielle de clou de girofle ;
- 3 gouttes d'huile essentielle de menthe poivrée ;
- 5 gouttes d'huile essentielle de tea tree.

Gandouche

Bien que le brossage détende et élimine les débris, il n'enlève pas réellement les bactéries. Près de la moitié de nos bactéries orales vivent sur et dans les cavités profondes de notre bouche.

Un bain de bouche à l'huile de sésame, aux qualités réchauffantes et régénérantes va pénétrer ces cavités et éliminer les toxines ainsi qu'améliorer la santé de vos dents et des gencives.

Mais l'action de l'huile va au-delà de la santé dentaire et permet de nourrir toutes les régions de la tête, de la mâchoire et de la gorge.

Les toxines de notre corps sont liposolubles ! Garder l'huile dans la bouche permet d'aspirer les toxines du corps entier et d'éliminer bactéries et virus ainsi que de réduire les inflammations.

Cette technique permet aussi de stimuler la vision, l'ouïe, l'odorat et le goût, ainsi que la voix et les cordes vocales. Selon l'ayurvéda, cela fait aussi partie des méthodes anti-âge, en reculant la formation des rides sur le visage.

Pratique de Gandouche :

Mettre une cuillère à soupe d'huile de sésame dans la bouche. Faire de légers mouvements de droite à gauche et de gauche à droite. L'huile va tapisser les muqueuses et effectuer un léger massage. Gardez l'huile quelques minutes, puis recrachez-la.

Jala Neti

Jala neti se pratique à l'aide d'un petit pot (appelé lota) rempli d'eau tiède légèrement salée que l'on introduit dans chaque narine. L'eau va ressortir par l'autre narine. Cette méthode nettoie les sinus, élimine virus et bactéries du nez et permet de bien respirer. Il est recommandé d'apprendre cette technique avec un professeur de yoga.

Nasya

En ayurvéda, le nez est la porte d'entrée du cerveau et du système nerveux. Une ou deux gouttes d'huile de sésame dans chaque narine permettent de nourrir le système nerveux et notre *prana* (élan vital) de manière profonde.

Nasya agit comme un masque invisible qui nous protège de l'environnement extérieur et de ses pollutions. Nasya humidifie le nez, dégage les sinus, permet de bien respirer, aide en cas de migraines.

Ces deux derniers exercices sont particulièrement recommandés aux personnes souffrant de problèmes respiratoires chroniques.

Nettoyage des yeux

Lavez vos yeux avec une œillère remplie d'eau de bleuet ou d'eau cuivrée (voir la recette p. 214)

L'auto-massage et le massage udvartana

Il est conseillé de faire un massage du corps de 5 à 10 minutes à l'huile de sésame pour hydrater la peau. Vous pouvez le faire suivre d'un gommage du corps à l'aide d'un mélange de farine de pois chiches et d'argile.
Ce mélange est frotté sur le corps à sec ou avec un peu d'huile, d'une manière assez énergique, dans le but d'augmenter la chaleur et de liquéfier la graisse.
Ce soin favorise le drainage lymphatique. Il élimine les excès de graisse, de cellulite et les peaux mortes. Il améliore la circulation sanguine et favorise l'élimination des toxines. Il doit être suivi d'une douche.

La salutation au soleil

Vous pouvez faire la salutation au soleil (voir p. 48) jusqu'à ce que le corps transpire, entre trois et dix fois selon votre résistance. L'exercice physique booste le métabolisme, augmente la force, l'immunité, aide à mieux dormir et améliore la santé émotionnelle.

Pratiquez le *pranayama*

- **Kapalabhati** : c'est une technique de respiration rapide qui entraine un nettoyage cellulaire. Faites une grande inspiration, puis expirez en contractant le ventre et en faisant des expirations très courtes. Faite cela plusieurs fois de suite, ensuite respirez normalement en fermant les yeux.
- **Nadi Shodana** (la respiration alternée) : appuyez sur la narine droite avec le pouce droit pendant 3 à 4 secondes, puis expirez par la narine droite tranquillement pendant 6 à 8 secondes. Relâchez la pression. Appuyez sur la narine gauche avec l'annulaire droit, inspirez par la narine droite, puis expirez par la narine gauche. Alternez ainsi la respiration à sept reprises.
- Asseyez-vous dans un endroit calme et faites quelques minutes de méditation en vous concentrant sur votre respiration.
- Prenez votre petit déjeuner : fruits, fruits secs trempés la veille, boisson chaude, pain bio au levain ou muesli de votre choix.
- À la mi-journée, déjeunez léger et végétarien : légumes, céréales, potage ou légumineuses avec quelques épices douces. Ajoutez quelques graines germées avec des herbes fraîches. Terminez par une tisane.
- Allez marcher après le repas.
- Dans l'après-midi, recevez un massage ou faites un sauna ou des exercices de votre choix. Cela permet d'éliminer et de bien transpirer.
- Le soir, mangez tôt. Évitez de vous mettre sur un écran après le diner.
- Lisez, méditez, écoutez de la musique
- Faites de beaux rêves !

Appliquez ce programme détox (ou du moins en partie) régulièrement. Puis, lorsque vous partez travailler :

- dans les transports : restez calme, écoutez de la musique, lisez ou reposez-vous.
- au travail : faites votre maximum pour maintenir des relations harmonieuses avec vos collègues (faites de même à la maison !).
- focalisez votre attention sur les autres, pas seulement sur vous. On voit toujours les travers des autres, pas les siens !
- de retour chez vous après une journée de travail, prenez une vingtaine de minutes pour vous détendre (douche, musique, relaxation, etc.).

La salutation au soleil

Ces 12 postures s'enchaînent comme un cycle de 12 heures ou de 12 mois. Seules 7 postures sont à mémoriser, les 5 autres se répétant.

1 : PRIÈRE – EXPIRATION
Démarrer debout, les pieds joints. Le dos est droit, non creusé, les épaules détendues, la tête droite, le regard devant soi. Les mains sont posées en prière sur le chakra du cœur.

2 : MAINS VERS LE CIEL – INSPIRATION
Lever les bras au ciel en gardant les mains jointes puis se pencher en arrière, sans forcer. Le regard se porte vers le ciel.

3 : MAINS VERS LE SOL – EXPIRATION
Le dos bien droit, se pencher et tendre les bras vers les pieds. Si possible, poser les mains sur les chevilles ou à terre. Rentrer la tête entre les bras.

4 : CHEVAL – INSPIRATION
Mains au sol, plier la jambe droite et étirer la jambe gauche derrière soi, sans se cambrer. La tête est droite, le regard devant soi, les mains toujours au sol.

5 : MONTAGNE – EXPIRATION
Rentrer la tête entre les bras, soulever les fesses sans creuser le dos, garder les mains au sol. Les jambes sont tendues derrière soi de façon à former une montagne.

6 : HUIT POINTS AU SOL – RESPIRATION COMPLÈTE
Depuis la posture de la montagne, s'allonger au sol. Le corps repose alors sur 8 appuis : front ou menton, mains posées à plat, coudes vers le ciel, poitrine, genoux et pointes de pied. Le fessier reste légèrement relevé.

7 : COBRA – INSPIRATION
De la posture 6, toujours allongé, les deux mains posées au sol, relever le buste en s'appuyant sur les bras. La cage thoracique s'ouvre, la tête se soulève légèrement, les coudes restent fléchis.

8 : MONTAGNE – EXPIRATION
Reprendre la posture de la montagne (5).

9 : CHEVAL – INSPIRATION
Reprendre la posture du cheval (4), mais en changeant de jambe.

10 : MAINS AU SOL – EXPIRATION
Reprendre la posture des mains au sol (3).

11 : MAINS VERS LE CIEL – INSPIRATION
Reprendre la posture des mains vers le ciel (2).

12 : PRIÈRE – EXPIRATION
Reprendre la posture de la prière (1).

1
2
3
4
5
6
7
8
9
10
11
12

Le massage ayurvédique comme processus de détoxification

L'observation et l'expérience du massage ayurvédique sur maintenant plusieurs décennies nous amènent à reconnaître l'extraordinaire pouvoir détoxifiant et régénérant de cette pratique, non seulement sur notre corps, mais aussi sur nos émotions et notre activité mentale.

Bien sûr, le massage élimine les toxines stagnantes dans le corps, dénoue les tensions musculaires, aide nos organes à mieux fonctionner, mais il peut aussi déloger puis éliminer des émotions complètement enfouies et non digérées, ouvrir les plexus bloqués, libérer l'énergie, les hormones guérisseuses, agir comme une véritable purge mentale.

Le massage ayurvédique est un art, une technique où se mêlent savoir et intuition, confiance, écoute et empathie.

LES BIENFAITS DU MASSAGE AYURVÉDIQUE

Pratiqué dès l'âge adulte (et parfois même dès le plus jeune âge comme en Inde), le massage ayurvédique prévient bien des maux dus aux constants déséquilibres du mode de vie de la plupart d'entre nous. Il aide à la détoxification du corps et offre de nombreux bienfaits :

• Il est essentiel pour les femmes, au moment de la ménopause et par la suite. L'activité hormonale étant réduite, une certaine sécheresse s'installe dans le corps. Le massage aux huiles ayurvédiques offre une importante compensation à ce phénomène.

• La synergie entre l'huile et les différents mouvements du massage réduisent le taux de cortisol, hormone du stress, et accroissent le taux de sérotonine, hormone de l'équilibre et du bien-être.

• Le massage ayurvédique renforce le système immunitaire ; il l'améliore même chez les personnes atteintes de maladies chroniques. Il apaise le mental et réduit l'anxiété, la colère, la douleur et les états dépressifs.

• C'est aussi l'un des meilleurs antidotes au vieillissement de la peau, des tissus, des muscles et articulations. Pratiqué périodiquement et complété par un exercice régulier et une nourriture adaptée, il agit comme une véritable fontaine de jouvence !

• Pour aller plus en profondeur, on dit en Inde que le massage aide les cellules à se relier, à s'aimer les unes les autres. En effet, la peau est l'organe le plus vaste du corps. Beaucoup de terminaisons nerveuses finissent à la surface de la peau. Le massage touche le mental et l'âme à travers le système nerveux.

En sanskrit, ***snehan*** veut dire « oléation » (massage avec l'huile) mais aussi « amour » (***snehankriya***: « action d'amour »). Cette détoxification profonde, qui peut aller jusqu'à une forme de nettoyage cellulaire, permet, selon l'ayurvéda, de libérer au mieux l'énergie (***prana***) et de la laisser circuler librement.
• À un niveau plus avancé, le massage ouvre les ***chakras*** (les centres énergétiques) : ***vishuddha*** (la gorge), ***anahata*** (le cœur), ***manipura*** (le plexus solaire), ***svadhisthana*** (le sacrum).

COMPLÉTER LES BÉNÉFICES DU MASSAGE

Les différents soins et massages ayurvédiques, complétés par des sudations, des postures de yoga, des respirations ainsi qu'une nourriture simple, végétarienne comportant des herbes et épices médicinales constituent les bases de la « cure ayurvédique ». Afin d'aider à résoudre des soucis de santé chroniques, on peut y ajouter le ***panchakarma*** ou les cinq purifications.
La cure ayurvédique constitue une méthode globale et efficace de détoxification et de régénération qui touche l'être dans sa profondeur. C'est un moment pour soi, uniquement pour soi, loin de l'agitation quotidienne.

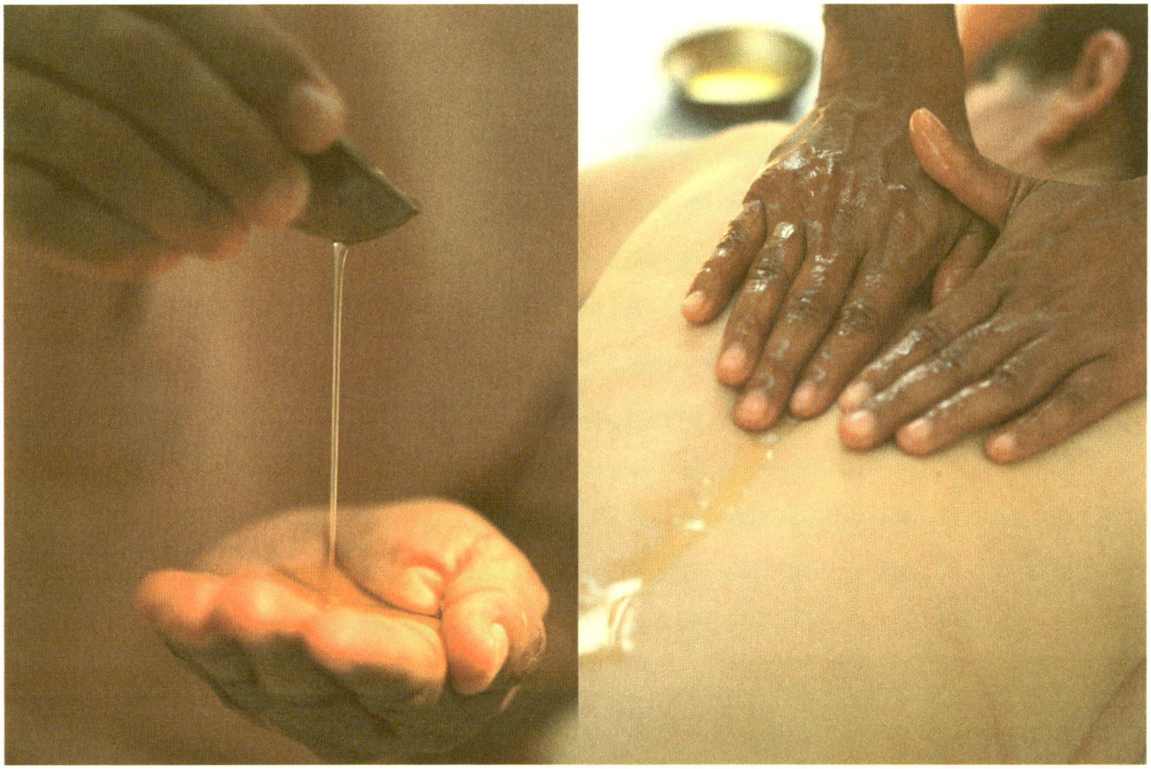

Épices

Portraits d’épices

Les vertus des épices et aromates

« La moitié de la pharmacie est dans votre cuisine et l'autre moitié est dans votre jardin. »

En Inde, le mot pour désigner les épices est *masala*, qui vient du terme farsi *moslcha*, c'est-à-dire « antidote ». Les épices et aromates comportent un vaste ensemble de graines, racines, baies, écorces d'arbres ou d'arbustes, fruits ou feuilles d'arbres. Non contentes de parfumer et de colorer les plats, elles possèdent de multiples propriétés préventives et curatives pour notre santé.

Des vertus gustatives et digestives

Le premier rôle qui leur est attribué est, bien sûr, de rehausser le goût de l'aliment, de le parfumer. Ces parfums ouvrent l'appétit et favorisent la sécrétion des sucs gastriques.

Les épices stimulent les mouvements péristaltiques (contractions) des intestins et de l'estomac. C'est le cas par exemple du thym indien (*ajwain*) qui accompagne une légumineuse.

Elles rendent l'aliment plus digeste et neutralisent les incompatibilités alimentaires. Ainsi, on ajoute de l'assa-fœtida pour calmer les gaz et ballonnements dus à des aliments tels que les légumineuses. Autre exemple, un légume comme le chou est excellent pour la santé, mais difficile à digérer pour certaines personnes : quelques graines de moutarde et de fenugrec suffisent à améliorer grandement sa digestibilité.

Pour rehausser le goût et l'assimilation, on parfume la semoule du *shiro* (gâteau à la semoule) avec de la cardamome. Un aliment insipide tel que le tofu devient appétissant avec un peu de cumin, de coriandre et d'ail.

Notons que les légumineuses sont très riches nutritivement et qu'il suffit de leur adjoindre quelques épices pour neutraliser les gaz et ballonnements qu'elles pourraient créer, surtout si l'on a peu l'habitude d'en consommer. C'est d'ailleurs un point très important pour les végétariens, qui doivent respecter la combinaison « céréales, légumes, légumineuses » pour avoir un repas équilibré.

UNE RÉELLE VALEUR AJOUTÉE

Certaines épices sont très riches en vitamines, minéraux et protéines. Elles augmentent la valeur nutritionnelle de l'aliment. C'est le cas par exemple du fenugrec, de la coriandre, du curcuma, du poivre et du cumin.

D'autres épices, et plus particulièrement le piment, tuent les microbes contenus dans les produits alimentaires.

Une de leurs plus grandes vertus est d'être toutes antioxydantes. Leur action consiste à lutter contre les radicaux libres. Elles préviennent ainsi le vieillissement des cellules, de la peau et leurs propriétés anti-inflammatoires font d'elles des protectrices contre des maladies telles que le cancer.

Prenons l'exemple du curcuma, qui est l'une des épices majeures de la cuisine indienne : lorsque le curcuma est absorbé par les intestins, la curcumine et ses autres composants sont libérés, incitant notre corps à fabriquer des molécules anti-inflammatoires et antioxydantes.

DES BIENFAITS INSOUPÇONNÉS

Une autre de leurs qualités, peu connue mais fondamentale pour notre santé, est la suivante : les épices agissent comme un fluidifiant, un décongestionnant, un liquéfiant. Elles fluidifient le sang, la lymphe, activant et équilibrant le métabolisme. Elles réchauffent le corps, entraînant une bonne élimination, par la transpiration, régulant ainsi la température.

Trop de congestion favorise l'inflammation. Les épices évitent la formation de calculs dans la vésicule biliaire, les reins, les caillots dans le sang, les phlébites. C'est leur pouvoir liquéfiant et décongestionnant qui agit. Pour prendre un exemple extrême : ajoutez un peu de poudre de piment à un potage, très rapidement, vous éprouverez le besoin de vous moucher !

Les épices telles que l'oignon, l'ail, le curcuma, le piment détoxifient le foie. L'***Aloe vera*** est un excellent tonique du foie.

Enfin, les épices ont le pouvoir de nettoyer les ***nadis***, les « canaux subtils » du corps. Un grand nombre d'entre elles font partie des aliments dits «sattviques», c'est-à-dire qu'elles sont chargées de lumière.

COMMENT LES UTILISER ?

Rappelons que « épicer » ne veut pas dire pimenter. Si certaines épices sont fortes en goût comme le piment, le poivre, la moutarde, le gingembre, le clou de girofle, l'ail, d'autres, en revanche, sont douces et rafraîchissantes : coriandre, fenouil, basilic, cardamome.

Elles sont extrêmement importantes dans une démarche de prévention de la santé. Il est idéal de les utiliser selon notre propre constitution ayurvédique, notre mode de vie, la saison, le pays dans lequel nous vivons. Mieux vaut les intégrer un maximum dans notre alimentation quotidienne. Elles seront bien assimilées grâce aux sécrétions salivaires, car le travail de digestion commence dans la bouche.

En Inde, on utilise de préférence les épices entières, non pilées à l'avance, afin d'en préserver l'arôme et le goût plus longtemps. Les familles ont souvent leurs propres recettes de ***currys***, de ***garam masala*** ou de ***poudre rouge*** (mélange d'épices fait maison).

D'une manière générale, les épices sont excellentes pour les constitutions ***vata***. Elles peuvent les utiliser toutes, sans faire d'excès. Les constitutions ***pitta*** favoriseront les épices rafraîchissantes. Pour les constitutions ***kapha***, toutes les épices sont les bienvenues.

EN CONCLUSION

« Épicez » votre vie ! Une alimentation qui éveille les papilles et améliore la santé vous apportera joie et légèreté d'être. La magie des épices est une réalité, un vrai cadeau que nous offre la nature. Certaines épices sont dites « aphrodisiaques ». C'est pour cela qu'elles peuvent redonner énergie et vigueur, et ramener des pensées positives. En cela, elles ont des vertus « antidéprime ».

En Inde, les gens restent gais, positifs et beaucoup plus sereins face aux aléas de la vie. J'ai toujours pensé que leurs repas parfumés et épicés avaient un lien avec leur attitude positive.

C'est aussi une véritable science ! Les épices s'utilisent souvent en synergie, multipliant ainsi leurs bienfaits. Les femmes indiennes, fines cuisinières, fines psychologues et très intuitives, modifient leur mélange d'épices selon les saisons et les humeurs du mari et des enfants ! Elles calment ainsi, par exemple, la colère ou l'anxiété des membres de la famille à leur insu...

Il est donc important, dans les recettes de ce livre, de bien respecter les dosages des mélanges d'épices.

Enfin, vous utiliserez autant que possible des épices issues de l'agriculture biologique, sachant qu'elles ont un fort pouvoir de concentration en pesticides lorsqu'elles proviennent d'une agriculture conventionnelle. À cette condition, elles seront un « trésor » pour votre santé.

PRÉCAUTIONS D'EMPLOI

Les femmes enceintes et les personnes présentant un terrain allergique seront prudentes avec les épices. D'une manière générale, il ne faut pas faire une consommation excessive d'épices, tout particulièrement des épices dites « chaudes ».

Ail

Nom sanskrit : *Rasona*

Goûts (*rasas*) : salé, piquant, sucré, amer et astringent
Qualités (*gunas*) : fort, pénétrant et chaud
Constitutions (*doshas*) : tridoshique (équilibre les 3 **doshas**) ; peut augmenter **pitta** si pris en excès
Nature : tamasique

PRÉSENTATION

L'ail est apprécié pour ses vertus médicinales depuis 5 000 ans. C'est un bulbe qui contient une douzaine d'antioxydants. Il possède tous les rasas sauf l'acide. Il est bon d'en consommer régulièrement, sous toutes ses formes, car il protège véritablement notre santé.

PROPRIÉTÉS ET BIENFAITS POUR LA SANTÉ

L'ail est l'un des plus grands protecteurs du système cardiovasculaire. Il aide à réduire le taux de mauvais cholestérol et prévient la formation des caillots nocifs. L'ail est un hypotenseur naturel. Il contribue à prévenir l'infarctus.

De plus, il nettoie les muqueuses pulmonaires et favorise l'expectoration.

Parmi ses autres bienfaits, l'ail aurait la capacité d'inhiber la croissance des cellules cancéreuses. Il est antiviral et anti-inflammatoire. Il protège le système digestif. Il contribuerait même à la régénération des cellules du cerveau. C'est pourquoi il est indiqué pour ralentir le processus de vieillissement.

Enfin, l'ail aiderait à stabiliser le taux de sérotonine qui agit sur le système nerveux central. Des concentrations élevées de sérotonine dans le cerveau exercent souvent un effet apaisant et antidépresseur.

Même si les vertus de l'ail cru sont supérieures à celles de l'ail cuit, ce dernier garde tout de même de très nombreuses qualités. Après avoir mangé de l'ail cru, mâcher une gousse de cardamome ou quelques graines de fenouil après le repas pour retrouver une haleine fraîche.

UTILISATIONS

En cuisine : Mettre un peu d'ail cru dans les sauces de salades (utiliser le presse-ail). Utiliser l'ail couramment comme condiment dans les légumes et les potages.

Voici deux recettes courantes en Inde, qui contiennent de l'ail :

Chutney à l'ail : 5 gousses d'ail épluchées (enlever le germe), 1 grosse cuil. à soupe de graines de sésame ; 1 cuil. à café de poudre de paprika ; 1 cuil. à café de sel. Mixer le tout. Utiliser un peu de ce chutney en accompagnement de votre repas ou en tartine, dans les sandwichs.

Ail au ghee : 5 gousses d'ail épluchées, 1 cuil. à soupe de ***ghee*** (voir p. 126). Faire revenir les gousses d'ail dans le ghee chaud jusqu'à ce qu'elles soient dorées. L'ail au ghee peut accompagner légumes, pâtes, riz...

Voir également dans cet ouvrage :
Bouillon épicé (*Rasam*), p. 166
Potage au yaourt et à la farine de pois chiches (*Kadhi*), p. 170
Potage au petit-lait de panir, p. 172
Potage au brocoli, p. 173
Soja ayurvédique, p. 154
Chutney de feuilles de coriandre, p. 176

INDICATIONS

Protection du système cardiovasculaire · Hypertension et excès de cholestérol · Prévention du cancer · État dépressif · Toux

Mise en garde :
les natures pitta le consommeront avec modération.

Goûts (*rasas*) : piquant
Qualités (*gunas*) : chaud et fort
Constitutions (*doshas*) : calme vata, kapha ; augmente pitta

PRÉSENTATION

L'assa-fœtida est la résine d'une plante ombellifère nommée ***Ferula foetida*** (en français, « férule persique »). C'est le jus des rhizomes de cette plante, qui, une fois séché, donne une résine brillante comme le diamant. Elle est de couleur orangée et elle brûle comme le camphre. La valeur de l'assa-fœtida tient dans la forte odeur soufrée qu'elle diffuse, qui, pour certains, peut être désagréable (***foetida***, en latin, signifiant « malodorant, fétide »). Cette épice est vendue sous forme de morceaux de résine de couleur brune, séchée ou en poudre. Elle est présente en granules dans la composition de médicaments homéopathiques.

PROPRIÉTÉS ET BIENFAITS POUR LA SANTÉ

En usage traditionnel, l'assa-fœtida est utilisée par les Indiens pour ouvrir l'appétit et stimuler la digestion. Elle est préconisée pour soulager les douleurs, les gaz, les ballonnements ainsi que l'aérophagie. Elle augmente le mouvement péristaltique (contractions) des intestins, stimule ces derniers. C'est aussi un antibactérien et elle neutralise les toxines (intoxications alimentaires).

L'assa-fœtida est un tonique cardiaque.

Sédative, elle diminue l'anxiété, l'appréhension. Elle est excellente pour les yeux fatigués.

En Inde, on l'utilise dans le traitement de l'épilepsie.

En médecine moderne, et particulièrement en homéopathie, l'assa-fœtida est indiquée en gastro-entérologie pour ses nombreuses propriétés laxatives et antispasmodiques.

UTILISATIONS

En ayurvéda : L'assa-fœtida ne peut se consommer que dans les recettes de cuisine ou sous forme de médicaments (ayurvédiques et homéopathiques). Dans la cuisine ayurvédique, il faut obligatoirement faire cuire l'assa-fœtida dans de l'huile. Ne pas la consommer crue (en tisane, par exemple). Une pointe de couteau par personne ajoutée dans le ***vaghar*** (voir p. 148) permet de neutraliser les incompatibilités alimentaires et les effets néfastes de certains aliments. Ainsi, un plat de chou sera plus digeste si l'on y adjoint de l'assa-fœtida et des graines de moutarde. Cette épice s'intègre bien dans les plats de légumes et de légumineuses.

Voir également dans cet ouvrage :

Bouillon épicé (***Rasam***), p. 166
Mung dal aux 6 goûts, p. 156
Mélange digestif (***Hingvashtak churna***), p. 190
Boisson digestive (***Astachurna***), p. 223

INDICATIONS

Diarrhées · Coliques · Vomissements · Indigestion · Ballonnements · Fièvre · Sciatique · Faiblesse nerveuse

Assa-foetida

Nom sanskrit : *Hingu*

Badiane

Nom usuel : anis étoilé
Nom sanskrit : *Takkolakam*

Goûts (*rasas*) : sucré, astringent et parfumé
Qualités (*gunas*) : léger et sec
Constitutions (*doshas*) : équilibre les 3 doshas
Nature : sattvique

PRÉSENTATION

La badiane est le fruit d'un arbre à feuilles persistantes, le badianier, qui pousse en Asie. Elle a la forme d'une étoile à huit branches qui se rigidifie lors du séchage. Chaque branche de l'étoile contient une graine orangée. Bien qu'elle n'ait aucune parenté avec l'anis, le goût et le parfum de la badiane sont similiaires, en plus puissants.

Cette épice aromatise de nombreux plats en cuisine asiatique, notamment les riz ***biryani***, les ***noodles***. En Inde, elle est l'un des ingrédients du ***garam masala*** et en Chine, de la poudre de cinq-épices.

BIENFAITS POUR LA SANTÉ

Dotée de propriétés antivirales, anti-inflammatoires et antalgiques, la badiane est largement employée en phyto-thérapie.

La badiane facilite la digestion. Elle est recommandée en cas de douleurs abdominales, de coliques, d'indigestion. Elle stimule les sécrétions biliaires.

On la prescrit également en cas de douleurs articulaires et de rhumatismes.

Enfin, elle entre dans la composition du Tamiflu™, le médicament utilisé lors de l'épidémie de grippe aviaire.

UTILISATIONS

Petites recettes médicinales :

Outre la cuisine, on peut utiliser la badiane pour deux types d'infusions :

Pour faciliter la digestion et soulager les douleurs abdominales : faire infuser 3 étoiles d'anis dans 1 grande tasse d'eau pendant 5 minutes. Filtrer. Boire après le repas.

En cas de grippe et aussi en cas de douleurs articulaires : faire infuser 2 étoiles d'anis, ½ cuil. à café de gingembre frais râpé dans 2 tasses d'eau pendant 5 minutes. Filtrer, ajouter 1 cuil. à café de miel. Boire trois fois par jour.

Autre usage : La badiane entre dans la composition de certains encens qui purifient l'atmosphère.

INDICATIONS

Transit difficile · Douleurs abdominales · Douleurs articulaires · Grippe

Goûts (*rasas*) : sucré, piquant et amer
Qualités (*gunas*) : sec et chaud
Constitutions (*doshas*) : calme vata et kapha ; augmente pitta
Nature : sattvique

PRÉSENTATION

La cannelle est l'écorce intérieure du cannelier, un arbre cousin du laurier-sauce. Avec le poivre, c'était l'une des épices les plus largement prisées au Moyen Âge.

PROPRIÉTÉS ET BIENFAITS POUR LA SANTÉ

La cannelle possède des propriétés digestives, détoxifiantes et antibactériennes. C'est un antioxydant majeur qui combat les radicaux libres. Elle aide à lutter contre les nausées et les diarrhées. Cette épice favorise la bonne circulation sanguine, particulièrement au niveau des jambes. Elle fluidifie le sang en éliminant le mauvais cholestérol et prévient les problèmes cardiovasculaires.
Elle décongestionne également les voies respiratoires en expulsant les sécrétions. Elle est excellente pour les sinus, les maux de gorge, l'angine, l'asthme et les maux de tête.
Dotée de vertus anti-inflammatoires, elle soulage les rhumatismes. Enfin, la cannelle participe efficacement à l'hygiène de la bouche et des dents, elle prévient la gingivite et remédie à la mauvaise haleine.

INDICATIONS

Maladies cardiovasculaires · Congestion des systèmes respiratoire et circulatoire · Excès de cholestérol · Digestion · Hygiène buccale

UTILISATIONS

La cannelle est vendue sous forme de bâtonnets ou en poudre.

Petites recettes médicinales :
Usage interne
· **Circulation, cœur, cholestérol, triglycérides :** 1 cuil. à café de poudre de cannelle et ½ cuil. à café de ***trikatu*** (préparation ayurvédique, voir p. 140) accompagné d'un peu de miel dans un grand verre d'eau chaude deux fois par jour.
· **Contre les problèmes respiratoires :** ½ cuil. à café de poudre de cannelle mélangée à du miel trois fois par jour (ne pas boire d'eau après).
· **Contre les diarrhées :** ½ tasse de yaourt mélangée à ½ cuil. à café de cannelle en poudre et 1 pincée de muscade trois fois par jour.
· **Hygiène buccale :** garder dans votre sac à main un bâton de cannelle de bonne qualité. En sucer un petit morceau de temps à autre. C'est un chewing-gum ayurvédique au très bon goût et sans aspartam ! À savoir : une bonne « dentipoudre » ayurvédique, bénéfique pour les gencives, comporte toujours un pourcentage de cannelle.
Usage externe
· **Pour soulager migraines et sinus :** faire une pâte avec ½ cuil. à café de cannelle en poudre et un peu d'eau chaude. L'appliquer localement. Vous pouvez aussi utiliser de l'huile essentielle de cannelle.

En cuisine, voir également dans cet ouvrage :
Potage au yaourt et à la farine de pois chiches (*Kadhi*), p. 170
Mélange d'épices pour les maux d'hiver (*Ullikkashayam*), p. 194
Tisane ***vata***, p. 216 - Boisson pour la gorge (*Rab*), p. 225
Thé indien aux épices (*Masala tchai*), p. 226
Tisane aux épices (*Kavo*), p. 230

Cannelle

Nom sanskrit : *Dalchini*

Cardamome

Nom sanskrit : *Ela*

Goûts (*rasas*) : sucré, piquant et très parfumé
Qualités (*gunas*) : chaud, léger et sec
Constitutions (*doshas*) : calme vata et kapha ; augmente pitta
Nature : sattvique

PRÉSENTATION

La cardamome est originaire des montagnes du Kerala, au sud de l'Inde. Elle pousse même à l'état sauvage dans les forêts des monts des Cardamomes, en arrière de la côte de Malabar. Cultivée sur les pentes des collines, c'est une grande plante herbacée à rhizome pouvant atteindre cinq mètres. Elle a besoin d'ombre, de soleil, d'humidité et d'un terrain très approprié. Les gousses, de couleur vert pâle, poussent au pied de la plante. À l'intérieur de la gousse se trouvent des petites graines noires, fortement aromatiques. Cette plante fait la richesse du Kerala.

La cardamome est la reine des épices nobles. En Inde, il n'y a point de dessert de grande classe sans elle. Dans les temples, elle entre dans la composition des offrandes lors des cérémonies. Coûteuse, c'est une épice de fête.

PROPRIÉTÉS ET BIENFAITS POUR LA SANTÉ

La cardamome est une épice stimulante, tonifiante et légèrement aphrodisiaque. Elle est conseillée dans les états dépressifs.

Elle stimule aussi la digestion en augmentant la sécrétion des sucs gastriques. D'après certaines études, elle serait utile dans les cas de colopathie fonctionnelle (maladie de Crohn).

Elle est excellente pour lutter contre la toux et les insuffisances respiratoires. Elle possède des vertus anti-inflammatoires et analgésiques.

Elle parfume l'aliment de manière très plaisante pour l'esprit et elle rafraîchit la bouche.

Une pincée de cardamome neutralise les effets de la caféine.

Voir également dans cet ouvrage :

Gâteau à la semoule (*Shiro*), p. 198
Mélange d'épices pour les maux d'hiver (*Ullikkashavam*), p. 194
Boisson aux amandes au safran (*Kesaria dudh*), p. 206
Tisane ***vata***, p. 216
Boisson pour la gorge (*Rab*), p. 225
Thé indien aux épices (*Masala tchai*), p. 226
Lait à la cardamome et au safran, p. 229
Tisane aux épices (*Kavo*), p. 230

UTILISATIONS

Petites recettes médicinales :

· **Contre la toux et l'insuffisance respiratoire :** 1 cuil. à café de miel, 1 cuil. à café de ghee, 1 pincée de cardamome en poudre, 1 pincée de sel de roche : absorber le mélange lentement.

· **Convalescence, fatigue, burn-out, état dépressif :** mélanger dattes, raisins secs et 1 pincée de cardamome en poudre ; ajouter un peu d'eau et faire un smoothie.

· **En cas d'hémorroïdes, désordres sanguins, règles abondantes :** 1 pincée de poudre de cardamome, 1 pointe de couteau de safran, 1 pincée de poudre de noix muscade ; mélanger avec 1 cuil. à soupe d'*Aloe vera* et 1 cuil. à café de miel. À prendre le matin et le soir, loin du repas.

· **Contre l'infertilité masculine (augmente le sperme) :** 1 verre de lait chaud mélangé avec ½ cuil. à café de ghee, 1 pincée de poudre de cardamome, 3 ou 4 amandes pilées et un peu de sucre.

· **Pour rafraîchir l'haleine :** après le repas, sucer 1 gousse de cardamome jusqu'à en avaler le suc.

INDICATIONS

Toux et insuffisance respiratoire · Convalescence · Grosse fatigue et état dépressif · Cystites · Hémorroïdes · Mauvaise haleine · Infertilité masculine · Nausées, vomissements · Protection du système cardiovasculaire · Santé des dents

· ***Mise en garde :***
ne pas abuser de la cardamome pendant la grossesse. Éviter d'en consommer régulièrement en cas de troubles cardiaques.

Goûts (*rasas*) : astringent et parfumé
Qualités (*gunas*) : chaud et léger
Constitutions (*doshas*) : calme vata et kapha ; neutre avec pitta

PRÉSENTATION

La citronnelle est une plante tropicale dont les tiges aromatiques entrent dans la composition de nombreux plats du Sud-Est asiatique. Sa saveur citronnée parfume agréablement les légumes, les potages, le riz. Elle se marie bien avec le gingembre et la noix de coco.

PROPRIÉTÉS ET BIENFAITS POUR LA SANTÉ

La citronnelle est indiquée pour lutter contre les maux de l'hiver : rhume, grippe.
Elle favorise la transpiration. Elle a un effet diurétique, antibactérien. Elle atténue les coliques intestinales. Elle abaisserait également le taux de sucre dans le sang.
À partir de la citronnelle, on extrait une huile essentielle qui éloigne insectes et moustiques. Ainsi, elle prévient les maladies telles que le paludisme de par son action répulsive et insecticide.

UTILISATIONS

Petites recettes médicinales :

· **Pour lutter contre l'eczéma :** appliquer un peu d'huile de coco mélangée à quelques gouttes d'huile essentielle de citronnelle.
· **Pour éloigner les moustiques :** frictionner les parties du corps exposées avec quelques gouttes d'huile essentielle de citronnelle mélangées avec de l'huile de coco.

En cuisine :

En Inde, les amoureux du ***tchai*** ajoutent de la citronnelle à leur thé à la menthe et au gingembre. Voir également la recette du tchai à la citronnelle, p. 224.

INDICATIONS

Prévention des piqûres d'insectes · Rhume · Grippe

Citronnelle

Nom sanskrit : *Sugandhbhootrun*

Clou de girofle

Nom sanskrit : *Lavanga*

Goûts (*rasas*) : piquant et amer
Qualités (*gunas*) : chaud, léger et fort
Constitutions (*doshas*) : diminue vata et kapha ; augmente pitta si pris en excès
Nature : rajasique

PRÉSENTATION

Le giroflier est un bel arbre à feuilles persistantes originaire des Moluques. C'est le bouton non éclos et séché du giroflier qui est utilisé en cuisine. Il parfume la nourriture et la rend appétissante. En Inde, il entre dans la composition du ***garam masala***, un mélange d'épices torréfiées. Il est également utilisé dans certaines cérémonies religieuses.

PROPRIÉTÉS ET BIENFAITS POUR LA SANTÉ

Le clou de girofle stimule la digestion. C'est également un allié dans les cas de nausées.

Il décongestionne les sinus et les bronches et il est indiqué en cas de toux et d'asthme.

Il contient aussi une molécule (l'eugénol) désinfectante et anesthésiante, idéale pour l'hygiène buccale. (L'huile essentielle extraite des boutons avant séchage est utile pour soulager les maux de dents, par exemple, voir ***infra***.)

Voir également dans cet ouvrage :

Potage au yaourt et à la farine de pois chiches (*Kadhi*), p. 170

Tisane ***kapha***, p. 218

Boisson pour la gorge (*Rab*), p. 225

Thé indien aux épices (*Masala tchai*), p. 226

Tisane aux épices (*Kavo*), p. 230

INDICATIONS

Ballonnements et nausées · Maux de dents · Hygiène buccale

UTILISATIONS

Petites recettes médicinales :

- **Contre le mal des transports :** garder 1 clou de girofle dans la bouche, tel un chewing-gum. Le mâcher jusqu'à en boire le jus.
- **Contre les nausées de la femme enceinte :** tremper 3 ou 4 clous de girofle le soir dans 1 tasse d'eau et boire l'eau à petites gorgées le lendemain matin.
- **En cas d'extinction de voix et pour améliorer la capacité vocale :** faire une tisane avec 3 clous de girofle et 2 gousses de cardamome, et ajouter 1 cuil. à café de miel.
- **Contre les maux de dents :** tremper un Coton-Tige dans de l'huile essentielle de clou de girofle. Appliquer sur la dent douloureuse pendant 10 minutes.
- **Bain de bouche :** 20 gouttes d'huile essentielle de girofle et 10 gouttes d'huile essentielle d'arbre à thé (***tea tree***) dans 50 cl d'eau. Laisser reposer toute la nuit. Utiliser tel un bain de bouche.
- **Dentifrice maison :** mélanger 1 cuil. à café d'argile verte fine avec 1 cuil. à café de bicarbonate de soude, 2 cuil. à café d'huile de coco, 10 gouttes d'huile essentielle de girofle ou ½ cuil. à café de poudre de girofle, 1 cuil. à café de gel d'***Aloe vera*** et 1 cuil. à café de charbon actif végétal.
- **Contre les maux de ventre et ballonnements :** faire un massage du ventre avec de l'huile de sésame et quelques gouttes d'huile essentielle de girofle.
- **Contre les maux de tête :** masser le front et la nuque avec quelques gouttes d'huile essentielle de girofle mélangées à de l'huile de sésame.
- **Extrémités froides et articulations douloureuses :** faire un massage avec de l'huile de sésame mélangée avec 5 gouttes d'huile essentielle de girofle et 2 de gingembre.

Goûts (*rasas*) : sucré et astringent
Qualités (*gunas*) : rafraîchissant, doux, léger et parfumé
Constitutions (*doshas*) : tridoshique (calme les 3 doshas)
Nature : sattvique

PRÉSENTATION

La coriandre est connue comme plante aromatique et médicinale depuis plus de 3 000 ans. On peut l'utiliser en graines ou en poudre. Elle parfume les plats de légumes, les lentilles, les salades orientales. Elle est un composant essentiel des poudres de curry.

Du fait de sa nature sattvique, la coutume veut que l'on offre un mélange de coriandre et de mélasse lors de la cérémonie qui scelle un futur mariage en Inde. On l'emploie également lors de la cérémonie d'inauguration d'une nouvelle maison.

PROPRIÉTÉS ET BIENFAITS POUR LA SANTÉ

La coriandre multiplie le goût des aliments.

Elle calme ***pitta***, car elle est de qualité rafraîchissante.

Elle est diurétique et apaise la soif. De ce fait, elle est particulièrement conseillée en été.

Les recherches entreprises montrent qu'elle agit comme un chélateur, c'est-à-dire qu'elle aide à éliminer les métaux lourds (mercure, plomb, etc.) dus à la pollution extérieure.

UTILISATIONS

Petites recettes médicinales :

- **Pour calmer la fièvre, les cystites, la conjonctivite, l'insolation :** mettre dans 1 grand verre d'eau 1 cuil. à café de coriandre en graines, un peu de sucre roux selon votre goût, et laisser macérer toute une nuit. Filtrer et boire le matin.

Voir également dans cet ouvrage :

Mélange d'épices pour les maux d'hiver (***Ullikkashayam***), p. 194

Thandai, p. 208

Tisane ***pitta***, p. 217

Boisson digestive (***Astachurna***), p. 223

INDICATIONS

Fièvre · Cystites à répétition · Sensation de brûlures internes · Hémorroïdes · Nausées, vomissements · Détoxination · Acné · Conjonctivite · Sécheresse des yeux · Transpiration et soif excessives · Bouffées de chaleur

Coriandre en graines ou en poudre

Nom sanskrit : *Dhanyaka*

Coriandre fraîche

Goûts (*rasas*) : doux, sucré et astringent
Constitutions (*doshas*) : calme les 3 doshas, particulièrement pitta

PRÉSENTATION

La coriandre est une plante herbacée qui, pour parfumer les plats, se cueille en général lorsqu'elle a atteint une vingtaine de centimètres. Lorsqu'elle monte, de petites fleurs blanches apparaissent, suivies par les graines.
Contrairement à ce que beaucoup de gens pensent, la coriandre fraîche pousse très bien dans nos jardins, y compris dans le nord de la France. Son parfum est très subtil.

PROPRIÉTÉS ET BIENFAITS POUR LA SANTÉ

Ce sont les mêmes que ceux de la coriandre en poudre. Les feuilles de coriandre fraîche comportent plus de vitamines que les graines. Elles ont des propriétés antioxydantes importantes.
La coriandre préserve le goût, le parfum et les nutriments de l'alimentation, d'où une meilleure assimilation.
L'huile essentielle de coriandre entre dans la composition de parfums masculins. Elle apporte fraîcheur et calme.

UTILISATIONS

En cuisine : Pour préserver tout leur parfum, il convient d'ajouter les feuilles de coriandre en fin de cuisson seulement.
La cuisine indienne peut être pimentée. L'ajout de feuilles de coriandre permet de neutraliser le goût fort des épices.

Voir également dans cet ouvrage :

Bouillon épicé (*Rasam*), p. 166
Bouillon au gingembre et à la coriandre frais, p. 168
Potage au petit-lait de panir, p. 172
Salade de graines germées, p. 188
Soja ayurvédique, p. 154
Mung dal aux 6 goûts, p. 156
Galette au soja (*Mag na pudla*), p. 165
Chutney de feuilles de coriandre, p. 176
Gâteau salé au riz et dal (*Dhokla*), p. 184
Boisson au yaourt (*Tchass*), p. 204

INDICATIONS

Les indications sont les mêmes que pour la coriandre en poudre. On la recommande aussi pour soulager : la sécheresse et les brûlures des yeux · les saignements de nez · les migraines liées au dérèglement de pitta · les ménorragies (règles trop abondantes)

Goûts (*rasas*) : légèrement piquant et astringent
Qualités (*gunas*) : sec et léger
Constitutions (*doshas*) : tridoshique (calme les 3 doshas)
Nature : sattvique

PRÉSENTATION

C'est une plante herbacée ombellifère originaire d'Asie. Le Bassin méditerranéen et l'Inde apprécient particulièrement cette épice qui s'utilise en graines ou moulue pour relever les plats. Elle intervient quotidiennement dans la cuisine orientale. Il ne faut pas la confondre avec le cumin noir ou nigelle (***kalanji***), utilisé en Inde du Nord pour ses vertus digestives (voir recette de l'***Hingvashtak churna***, p. 190).

PROPRIÉTÉS ET BIENFAITS POUR LA SANTÉ

En cas de soucis digestifs, il suffit de fermer les yeux et de mâcher quelques graines de cumin !
Le cumin améliore le Feu digestif, l'appétit. Il fortifie le foie, l'estomac, les intestins. Il soulage les nausées, les maux de ventre. Il améliore l'absorption des minéraux dans les intestins. C'est un régulateur du transit intestinal. Il aurait une action préventive sur les cancers digestifs. Il détend l'abdomen en cas de douleurs menstruelles et fait disparaître les spasmes. Le cumin contient une proportion de fer importante et du calcium. Il tonifie le système génital de la femme. Il est réputé galactogène et purifie le lait maternel. Il élimine les mauvaises odeurs (selles, transpiration, haleine, gaz). Il est conseillé en cas d'hémorroïdes.

Voir également dans cet ouvrage :

Préparer le vaghar, p. 148 - Bouillon épicé (*Rasam*), p. 166
Bouillon de riz (*Manda*), p. 169
Potage au yaourt et à la farine de pois chiches (*Kadhi*), p. 170
Potage au petit-lait de panir, p. 172
Soja ayurvédique, p. 154 - Tapioca (*Sabudana*), p. 160
Chutney de feuilles de coriandre, p. 176
Mélange digestif (*Hingvashtak churna*), p. 190
Mélange d'épices pour les maux d'hiver (*Ullikkashayam*), p. 194
Lassi au cumin, p. 213
Tisane ***pitta***, p. 217 - Boisson digestive (*Astachurna*), p. 223

UTILISATIONS

Petites recettes médicinales :

- **Pour soulager les douleurs des règles :** prendre ½ cuil. à café de cumin grillé avec 1 cuil. à soupe de jus d'***Aloe vera***.
- **En cas de leucorrhée (pertes blanches) :** mélanger ½ cuil. à café de graines de cumin légèrement grillées dans 1 bol de bouillon de riz.
- **Pour purifier les yeux :** faire tremper ½ cuil. à café de graines de cumin dans 1 verre d'eau. Filtrer le lendemain et utiliser en lavement avec une œillère.
- **Pour augmenter la libido :** le mélange cumin, poivre noir et miel serait aphrodisiaque.
- **Pour lutter contre la nausée, l'indigestion et favoriser une bonne haleine :** faire griller un peu de cumin jusqu'à ce que l'on sente son parfum. Moudre dès que le mélange est froid. Après chaque repas, prendre 1 cuil. à café du mélange avec un peu de sel de l'Himalaya.

En cuisine : Le cumin parfume quantité de plats en Inde (***currys, masalas***), mais il est également très prisé dans le Bassin méditerranéen et au Moyen-Orient où il sert à relever gaspachos, couscous et tajines.

INDICATIONS

Lourdeurs digestives · Nausées · Gaz intestinaux · Douleurs menstruelles · Dysménorrhée · Leucorrhée · Hémorroïdes

Cumin

Nom sanskrit : *Jirak*

Curcuma

Nom sanskrit : *Haridra*

Goûts (*rasas*) : astringent, amer et piquant
Qualités (*gunas*) : chaud et sec
Constitutions (*doshas*) : tridoshique (calme les 3 doshas) ;
Nature : sattvique

PRÉSENTATION

Le curcuma est une grande herbe vivace de la famille du gingembre. Il est utilisé pour son rhizome en forme de doigts depuis plus de 2 000 ans en Asie, et particulièrement en Inde. Sa racine jaune orangé est séchée, puis réduite en poudre pour une utilisation courante. Sa couleur jaune soleil et son parfum astringent agrémentent joliment les plats.

Cette épice, reconnue en Inde pour ses vertus sur le système digestif ainsi que pour les problèmes de peau ou de toux, fait depuis quelques années l'objet d'intenses recherches, tant ses vertus sont multiples et capitales pour notre santé. Révélée en France grâce à la notoriété et à la médiatisation de médecins tels que le docteur David Servan-Schreiber ou le docteur Willem, elle suscite un grand espoir, à tel point que les chercheurs américains tentent depuis une dizaine d'années de déposer des brevets afin de s'approprier les propriétés millénaires du curcuma, alors que les femmes indiennes, qui l'utilisent quotidiennement dans leur cuisine, en connaissent bien sûr toutes les propriétés de base. La curcumine, principe actif extrait du curcuma, est un puissant antioxydant.

Alors, le curcuma : épice magique, véritable panacée ? C'est ce que nous allons voir ci-dessous.

PROPRIÉTÉS ET BIENFAITS POUR LA SANTÉ

Le curcuma facilite la digestion, équilibre le Feu digestif (*agni* en ayurvéda). Il diminue les ballonnements, les gaz, les douleurs digestives et les troubles intestinaux. Il stimule la production de bile dans le foie et son excrétion par la vésicule biliaire.

Il fluidifie le sang, augmente les globules rouges. Il possède des vertus hémostatiques (arrête les saignements en cas de coupure, par exemple), aide à éliminer des hématomes internes. C'est un excellent cicatrisant. Il est employé pour soigner les entorses de la cheville.

Il purifie la peau, aide à éliminer les allergies de la peau, l'acné, les conséquences d'agressions extérieures (vent, soleil). En Inde, il est prescrit dans les lésions précancéreuses de la peau. C'est pourquoi il entre dans la composition de produits cosmétiques. Antiseptique, il fait merveille contre les maux de gorge et la toux, sèche ou grasse. Il aurait aussi une action antidiabétique, anticholestérol et serait un puissant antioxydant et anti-inflammatoire.

Les recherches actuelles viennent de mettre en évidence une double activité protectrice et thérapeutique du curcuma sur le cerveau : il détruit les plaques de protéines responsables de la dégénérescence de certaines cellules cérébrales dans la maladie d'Alzheimer, tout en prévenant leur formation. En Inde, le nombre de malades d'Alzheimer est l'un des plus faibles au monde, et ce malgré la pollution, la concentration urbaine et parfois la malnutrition.

L'incidence de certains cancers, particulièrement celui du côlon, mais aussi celui du sein, des poumons ou de la prostate est beaucoup moins élevée en Inde. Les chercheurs ont isolé dans le rhizome des curcuminoïdes, substances aux puissantes propriétés antioxydantes et anti-inflammatoires.

UTILISATIONS

Petites recettes médicinales :

• **Maux de gorge et début de grippe :** le curcuma est un antiseptique naturel. Mélanger quelques pincées de curcuma dans un demi-verre d'eau chaude. Ajouter 1 pincée de sel. Faire un gargarisme trois fois par jour. Naturel et efficace aussi lors d'un début de grippe.

• **Quintes de toux, sèche ou grasse (et maux de gorge) :**

- préparer une tisane avec un verre d'eau chaude, 1 cuil. à café de poudre de curcuma. Ajouter quelques gouttes de jus de citron. À boire à petites gorgées de temps en temps. Cette recette facile peut s'utiliser quotidiennement pour lutter contre la pollution.

- Pour les bébés à partir de 3 mois : mélanger 1 cuil. à café de miel avec un peu de poudre de curcuma et poser sur la langue du bébé trois fois par jour. Cette recette vaut aussi pour les adultes.

Curcuma, suite

- En cas de toux sèche uniquement : faire chauffer dans un verre de lait de vache 1 pincée de poudre de curcuma, 1 pincée de gingembre et 3 graines de cardamome.

• **En cas de diabète :** mélanger, à parts égales, du curcuma en poudre et de la poudre d'amalaki (l'amalaki vient de l'***amla***, ou « groseille indienne », aux qualités amères, voir p. 116). Prendre ½ cuil. à café matin et soir, avec de l'eau.

• **Contre les allergies de la peau :** faire un masque de beauté avec 1 pincée de curcuma, 1 cuil. à café d'argile et du santal. Excellent pour les problèmes de peau, tels que l'acné. À utiliser tous les deux jours.

• **Pour soulager une entorse à la cheville :** confectionner une pâte avec une pincée de sel, 2 cuil. à café de curcuma et de l'eau. Ajouter un filet d'huile de sésame ou de colza. L'appliquer en cataplasme sur la cheville pendant 3 nuits.

Autres usages et propriétés :

• **Massage prénuptial :** voici une autre utilisation du curcuma reconnue des Occidentaux. Dans les jours qui précèdent le mariage, le couple reçoit un massage à base de poudre de curcuma, de yaourt, de farine de pois chiches et d'huile de santal. Ce merveilleux massage purifie leur corps physique ainsi que leur esprit. Cela fait partie du rite de passage dans un nouveau mode de vie.

• **Ondes positives :** en ayurvéda, le curcuma entre dans la catégorie des produits sattviques (haute fréquence vibratoire, énergie élevée, pureté). C'est pourquoi, en Inde, il est présent dans chaque cérémonie sacrée, à côté du santal. De même, l'adjonction de curcuma à des grains de riz purifie l'intérieur de la maison. Le lieu retrouve calme et énergie positive.

En cuisine :

• **Poudre :** c'est l'utilisation la plus simple et la plus courante. Le curcuma entre dans la composition de tous les plats indiens courants (légumes, céréales, légumineuses, potages, sauces de viande et de poisson). De petites doses suffisent ; si elles ne sont pas respectées, le plat développera une amertume inutile. L'épice jaune constitue l'ingrédient de base des poudres de curry.

Pour un effet préventif pour la santé, on conseille d'absorber de ½ à 1 cuil. à café de curcuma en poudre, répartie sur l'ensemble des plats du jour (ne pas dépasser cette dose). L'assimilation de la poudre de curcuma seule n'est pas optimale. Pour une excellente assimilation, voici deux astuces :

- Tout d'abord, il est important que le curcuma passe par la bouche, à cause des sécrétions, et qu'il soit accompagné d'un peu d'huile, de gingembre frais et de cumin, par exemple pour un plat de légumes.

- Le curcuma en gélule (***haridra***) est conseillé aux personnes qui ne peuvent pas, ou ne veulent pas, cuisiner avec les épices indiennes.

Bon à savoir : la cuisson n'annule aucune des vertus du curcuma.

• **Racine :** depuis 2 ou 3 ans, on peut se procurer en France du curcuma frais. Pour le préparer, il suffit de gratter la peau et de le couper en tranches très fines (voir recette de l'***atchar*** de curcuma, p. 178).

• **Colorant :** colorant naturel (sous l'appellation E100), le curcuma colore les produits laitiers (beurre, fromages à pâte fondue), la moutarde, les pâtisseries.

Voir également dans cet ouvrage :

Bouillon épicé (***Rasam***), p. 166 - Bouillon de riz (***Manda***), p. 169
Potage au yaourt et à la farine de pois chiches (***Kadhi***), p. 170
Soja ayurvédique, p. 154 - Mung dal aux 6 goûts, p. 156
Aubergines au fenugrec (***Ringan methi shak***), p. 158
Riz aux lentilles (***Khitchedi***), p. 162 - Riz au curcuma, p. 163
Atchar de curcuma, p. 178 - Atchar de mangues, p. 180
Boulette au gingembre, p. 181
Gâteau salé au riz et dal (***Dhokla***), p. 184
Mélange digestif (***Mukhavas***), p. 192
Mélange d'épices pour les maux d'hiver (***Ullikkashayam***), p. 194
Lait au curcuma, p. 232

Fenouil

Nom sanskrit : ***Shatapushpa***

Goûts (*rasas*) : sucré, piquant et anisé
Qualités (*gunas*) : neutre
Constitutions (*doshas*) : calme les 3 doshas
Nature : sattvique

PRÉSENTATION

Le fenouil est une gracieuse plante herbacée au feuillage aromatique et à petites fleurs jaunes en ombelles. Il pousse aussi à l'état sauvage. Les graines apparaissent après les fleurs.

PROPRIÉTÉS ET BIENFAITS POUR LA SANTÉ

La graine de fenouil, au goût proche de l'anis, possède des propriétés digestives et diurétiques. Elle a la capacité de couper la faim naturellement, de calmer la fièvre, les nausées, les vomissements. Elle est également réputée antidiarrhéique.

Le fenouil cible également les vers intestinaux et calme les hémorroïdes.
Il favorise la fertilité et est excellent pour soigner les problèmes utérins. Il est aussi galactogène (favorise la montée de lait).
L'infusion de fenouil est recommandée pour apaiser les yeux irrités.
À utiliser également en cas de soif intense.

INDICATIONS

Indigestion · Diarrhées · Rhume · Toux · Œdème · Cystites · Hémorroïdes · Conjonctivite

UTILISATIONS

Petites recettes médicinales :

- **Contre l'indigestion :** mâcher lentement ½ cuil. à café de graines de fenouil et de thym grillés, après chaque repas.
- **Contre les diarrhées :** prendre ½ cuil. à café de poudre de fenouil et de gingembre avec un peu d'eau chaude.
- **Rhume, toux, système respiratoire supérieur :** mélanger ½ cuil. à café de poudre de fenouil avec un peu de miel liquide.
- **Pour diminuer les œdèmes :** prendre une tisane de fenouil 2 ou 3 fois par jour.
- **Pour soulager les cystites et les hémorroïdes :** voir la recette du ***thandai***, p. 208.
- **Pour apaiser les conjonctivites, les inflammations oculaires :** faire une infusion de graines de fenouil, laisser tiédir et l'appliquer en compresse sur les yeux pendant 1 minute. À répéter 5 fois par jour.
- **Amincissement :** tisane de fenouil après le repas.
- **Allaitement :** tisane de fenouil après le repas.

En cuisine : Dans la cuisine indienne, le fenouil parfume les *currys*. Il est d'usage, dans les familles, de préparer un mélange de graines digestives, dont le fenouil, qui se déguste après le repas. Il parfume la bouche et enlève la mauvaise haleine (voir recette du ***mukhavas***, p. 193).

Voir également dans cet ouvrage :
Thandai, p. 208
Tisane ***pitta***, p. 217
Chutney de feuilles de coriandre, p. 176

Goûts (*rasas*) : amer
Qualités (*gunas*) : chaud
Constitutions (*doshas*) : équilibre kapha et vata ; augmente pitta

PRÉSENTATION

Le fenugrec est une plante originaire du Moyen-Orient et de l'Inde. C'est un grand classique de la médecine ayurvédique. Il se présente sous différentes formes : plante, graines ou poudre. Si, en cuisine indienne, on l'utilise pour relever la saveur des plats, le fenugrec est, de par son goût amer et ses substances gélatineuses, un véritable allié pour soulager nombre de nos troubles chroniques. Les usages médicinaux ancestraux du fenugrec sont multiples. Le fenugrec est une mine de protéines, d'acides aminés (lycine-méthionine), d'antioxydants, de vitamines et minéraux bio-assimilables. Son adjonction à un plat va en augmenter la valeur nutritionnelle. C'est la raison pour laquelle il s'inscrit dans l'histoire de la cuisine et de la pharmacopée indiennes. D'où l'importance d'utiliser un fenugrec biologique.

PROPRIÉTÉS ET BIENFAITS POUR LA SANTÉ

Le fenugrec est réputé augmenter le Feu digestif, c'est-à-dire l'assimilation optimale des aliments. C'est un agent stimulant réparateur de tous les désordres du métabolisme général. Globalement, c'est une plante qui stimule le métabolisme, c'est-à-dire l'ensemble des transformations que subissent les organismes vivants par le mouvement nutritif. Il renforce l'immunité du corps.

De ce fait, il agit comme régulateur de l'appétit. Il fait perdre du poids à ceux qui en ont besoin, ainsi que la cellulite. Mais il peut aussi redonner poids et force et agir comme un reconstituant dans les cas d'asthénie, voire d'anorexie.

Les femmes indiennes le connaissent bien : il évite les ballonnements, les gaz, élimine l'acidité gastrique. Elles contrôlent les soucis digestifs de leurs enfants ou de leur mari par l'utilisation des épices !

Toujours sur le plan digestif, le fenugrec est connu pour éliminer les toxines, les résidus collants ainsi que les gaz sur la paroi des intestins et dans les replis. En effet, le fenugrec est composé d'une substance végétale ayant la propriété de gonfler après macération dans l'eau. Le mélange devient gélatineux. Ce mucilage soulage les tissus irrités, il est laxatif et émollient. Il aide à ramollir, digérer puis mûrir les substances toxiques.

C'est ce pouvoir adhésif, qui se traduit par la persistance de son odeur, qui explique sans doute son efficacité et son action sur la nutrition intime des cellules et les échanges intercellulaires.

Son action réduit l'hyperglycémie , l'excès de sucre dans le sang. C'est pourquoi il est conseillé en cas de diabète ou en prévention. Il réduit aussi naturellement le taux de cholestérol et de triglycérides. Il est donc aussi protecteur du système cardiovasculaire. Ses propriétés régulatrices des taux de glucose et de lipides sanguins font l'objet d'études approfondies. C'est également un hépatoprotecteur, il stimule et fortifie les fonctions hépatiques. L'amertume des graines ou des feuilles est très bénéfique pour le foie.

Anabolisant naturel, il augmente la masse musculaire, il est donc recommandé aux sportifs. Il évite la fonte musculaire. On le conseille particulièrement après l'âge de 50 ans. Il redonne de la tonicité aux bras et aux jambes, agissant comme un fortifiant. C'est un antidouleur naturel, particulièrement dans les cas de sciatique et de douleurs lombaires.

Pour les personnes qui ont des problèmes récurrents de toux et les muqueuses de la gorge irritées, le fenugrec favorise l'expectoration et fluidifie le mucus.

Le fenugrec est recommandé aux personnes souffrant d'hémorroïdes (filtrage défectueux au niveau du foie) ainsi que dans les cas d'infection urinaire.

Le fenugrec est galactogène (favorise la montée de lait) : il est conseillé aux femmes qui viennent d'accoucher et qui allaitent, car il nettoie les impuretés du lait maternel et apporte nombre

Fenugrec

Nom sanskrit : *Methika*

Fenugrec suite

de nutriments indispensables (calcium, potassium, magnésium, phosphore, soufre).

En Inde, on confectionne pour la femme qui vient d'accoucher un gâteau au fenugrec (*methi pak*), qui augmente la lactation. Mais attention, c'est un stimulant utérin, la femme enceinte ne doit pas en consommer.

Utilisé régulièrement, il prévient le cancer du côlon et du sein. Son léger inconvénient est l'odeur qu'il donne à la transpiration et à l'urine. Mais cela signifie que les systèmes digestif et pulmonaire éliminent les toxines par les émonctoires. En effet, le fenugrec contient une quarantaine de composés volatils identifiés.

La germination du fenugrec accroît sa valeur nutritionnelle. On recommande les graines germées de fenugrec pour stimuler le foie et le pancréas, et en prévention des risques de diabète.

UTILISATIONS

Petites recettes médicinales :

En cuisine, voir également dans cet ouvrage :

Salade de graines germées, p. 188

Aubergines au fenugrec germé (*Ringan methi shak*), p. 158

Gâteau au fenugrec (*Methi pak*), p. 200

Décoction de fenugrec, p. 219

Autres usages ou propriétés :

En Orient, le fenugrec entre dans la composition de nombreux produits capillaires, particulièrement pour lutter contre la chute des cheveux.

Extraordinaire régénérant de la terre, il est utilisé comme engrais vert.

Les feuilles de fenugrec poussent très bien dans nos jardins français.

INDICATIONS

Régulateur de l'appétit · Ballonnements, gaz, acidité · Détoxification du système digestif · Faiblesse hépatique · Glycémie, diabète · Manque de force musculaire · Toux et maux de gorge · Allaitement

Goûts (*rasas*) : astringent, parfumé et doux
Qualités (*gunas*) : léger
Constitutions (*doshas*) : équilibre les 3 doshas, particulièrement pitta
Nature : sattvique

PRÉSENTATION

Ces feuilles, d'un vert brillant, sont celles d'un arbuste ornemental cultivé dans les jardins indiens. Les feuilles de curry fraîches sont beaucoup plus parfumées que les feuilles séchées. Largement utilisées dans la cuisine indienne, elles exhalent un parfum qui rappelle celui du curry, d'où leur nom. Elles sont douces, sucrées et rendent l'alimentation appétissante.

PROPRIÉTÉS ET BIENFAITS POUR LA SANTÉ

Les feuilles de curry sont recommandées en cas de sensations de brûlures intérieures du corps, d'hémorroïdes et d'œdèmes.
Elles évitent les fermentations et parasites intestinaux.
Elles aident à l'élimination des métaux lourds et des pesticides.

UTILISATIONS

Petites recettes médicinales :

La tisane de feuilles de curry calme les nausées, et le jus de feuilles de curry mélangé à du ***tchass*** (voir p. 204) est recommandé dans le traitement des hémorroïdes ainsi qu'en cas de dysenterie.

En cuisine :

Les feuilles de curry entrent dans la composition des chutneys et du ***kadhi*** (potage au yaourt qui accompagne le ***khitchedi***, voir p. 170 et p. 162).

Voir également dans cet ouvrage :

Bouillon épicé (*Rasam*), p. 166
Soja ayurvédique, p. 154

INDICATIONS

Hémorroïdes · Œdème · Parasites intestinaux · Nausées

Feuille de curry

Nom sanskrit : *Mishta nimba*

Gingembre frais

épice verte

Nom sanskrit : *Ardraka*

Goûts (*rasas*) : piquant
Qualités (*gunas*) : chaud, lourd, pénétrant, fort, sec, devient sucré après la digestion
Constitutions (*doshas*) : équilibre les 3 doshas ; les constitutions pitta doivent le consommer avec modération ; diminue vata et kapha
Nature : sattvique

PRÉSENTATION

Le gingembre provient des forêts tropicales de l'Inde et de Ceylan. Mais celui de l'État du Kerala est considéré comme le meilleur. Il se présente sous la forme d'un rhizome. En Inde, on le nomme *Vishva bheshaj*, le « médicament universel ». C'est une sorte de panacée connue depuis des millénaires. Ses propriétés thérapeutiques sont dues à la présence de gingérol dans le rhizome. Son goût est frais, citronné et piquant.

PROPRIÉTÉS ET BIENFAITS POUR LA SANTÉ

Le gingembre améliore la digestion, l'absorption et l'assimilation des aliments. Il est légèrement laxatif.

Le gingembre est une épice dite « réchauffante ». Il améliore la circulation sanguine. En hiver, il combat la frilosité du corps, entre autres celle des extrémités (mains, pieds).

C'est un cardiotonique. Il dissout les caillots sanguins et prévient les problèmes cardiaques.

Il décongestionne le système respiratoire, fluidifie les mucosités et les élimine. C'est un expectorant.

Également anti-inflammatoire naturel, il réduit les douleurs musculaires et articulaires.

Il fortifie, tonifie, augmente l'énergie, stimule les défenses immunitaires. En Asie, il est considéré comme un aphrodisiaque.

Les dernières recherches montrent son action anticancer.

C'est l'un des meilleurs antioxydants.

UTILISATIONS

Petites recettes médicinales :

Usage interne

- **Pour améliorer la digestion :** quelques fines tranches de gingembre frais avec un peu de sel et de citron avant le repas stimulent *jatharagni*, le Feu digestif. Elles augmentent l'appétit et la capacité de digestion (sans prise de poids).
- **Pour éliminer les gaz intestinaux, les crampes du bas du ventre, les coliques :** 1 cuil. à café de jus de gingembre mélangée avec un peu de jus de citron vert. À prendre après le repas.
- **Contre les nausées et vomissements :** 1 cuil. à café de jus de gingembre mélangée avec 1 cuil. à café de jus d'oignon agit comme un antidote.
- **Pour décongestionner les sinus :** boire lentement du jus de gingembre accompagné d'un peu de miel.
- **Contre la toux, l'extinction de voix, les douleurs thoraciques :** prendre matin et soir 1 cuil. à café de jus de gingembre additionnée d'un peu de jus de citron vert et de 1 pincée de sel de roche.

Usage externe

- **Pour stopper diarrhées et maux de ventre :** appliquer du jus de gingembre frais autour du nombril.

En cuisine : Le gingembre est une épice peu coûteuse et facilement disponible. Des manuscrits médicaux ayurvédiques recommandent le gingembre pour soulager tous les problèmes de santé. C'est une épice à consommer journalièrement.

Traditionnellement, le gingembre frais râpé peut être incorporé dans les légumes et légumineuses, les sauces. Il aromatise également le thé indien et les pâtisseries. Sa saveur est chaude et boisée, piquante et douce, un peu citronnée à cause de son huile essentielle.

Le gingembre est indispensable pour assimiler tous les bienfaits du curcuma. Il faut donc associer ces deux épices dans vos préparations pour surpasser leurs effets individuels.

Gingembre frais
épice verte
suite

Voir également dans cet ouvrage :

Bouillon épicé (***Rasam***), p. 166
Bouillon au gingembre et à la coriandre frais, p. 168
Bouillon de riz (***Manda***), p. 169
Potage au yaourt et à la farine de pois chiches (***Kadhi***), p. 170
Soja ayurvédique, p. 154
Mung dal aux 6 goûts, p. 156
Aubergines au fenugrec (***Ringan methi shak***), p. 158
Tapioca (***Sabudana***), p. 160
Galette au soja (***Mag na pudla***), p. 164
Chutney de feuilles de coriandre, p. 176
Atchar de curcuma, p. 178
Gâteau salé au riz et dal (***Dhokla***), p. 184
Mélange d'épices pour les maux d'hiver (***Ullikkashayam***), p. 194
Boisson au yaourt (***Tchass***), p. 204
Potion des initiés, p. 210
Jus de carotte au gingembre, p. 209
Tisane ***vata***, p. 216
Tisane de la bonne humeur, p. 221
Potion magique, p. 222
Thé indien aux épices (***Masala tchai***), p. 226
Tchai à la menthe et au gingembre, p. 228
Tisane aux épices (***Kavo***), p. 230

INDICATIONS

Lourdeurs digestives · Problèmes gastriques · Nausées · Insuffisance respiratoire · Toux, bronchite · Insuffisance cardiaque Douleurs articulaires · Contraction musculaire · Raideur du corps · Baisse d'énergie · Prévention du cancer

Contre-indications : il est déconseillé en cas d'ulcère à l'estomac et d'inflammation du système digestif.

Gingembre en poudre

épice noble

PROPRIÉTÉS ET BIENFAITS POUR LA SANTÉ

Le gingembre sec en poudre est plus fort que le gingembre en racine. Il reste piquant après la digestion. Il est plus actif pour éliminer les maux de type ***kapha*** (mucus).

Il augmente plus ***pitta*** que le gingembre frais, car il n'a pas de parties humides. Ses propriétés sont les mêmes, en plus fort.

UTILISATIONS

Petites recettes médicinales :

Usage interne

• **Contre le jet-lag :** prendre ½ cuil. à café de poudre de gingembre avec un peu d'eau chaude 1 heure avant le vol.

• **Mélange détox :** prendre avant le repas ½ cuil. à café de ***trikatu*** (gingembre + poivre long, préparation ayurvédique) avec 1 cuil. à café de miel. Ce mélange est excellent pour brûler les toxines du corps et l'excès de mucosités dans les poumons. Il régularise aussi le cholestérol et l'obésité.

• **Contre les douleurs rhumatismales :** boire une tisane de gingembre avec quelques gouttes d'huile de ricin avant d'aller dormir, pendant un mois et demi.

• **Contre le rhume :** tisane avec ¼ cuil. à café de gingembre en poudre, ¼ cuil. à café de cannelle et 1 cuil. à café de miel.

• **Pour stimuler le système immunitaire :** prendre chaque matin, à jeun, une boulette de gingembre, curcuma, mélasse et ghee (voir recette du ***laddoudi***, p.181) ;

Traditionnellement en hiver, on mange un gâteau à base de gingembre et de fenugrec en poudre pour augmenter l'immunité du corps.

• **Post-accouchement, allaitement :** après l'accouchement, une femme mange un gâteau à base de gingembre et de fenugrec pour augmenter l'énergie et pour éliminer les impuretés du corps. Cela favorise l'allaitement qui permet au bébé d'être en très bonne santé et de renforcer ses défenses immunitaires. Cela lui évite aussi les coliques.

• **Pour lutter contre l'asthme :** faire bouillir 1 cuil. à café de gingembre en poudre dans 1 l d'eau froide et boire cette eau au fil de la journée.

Usage externe

• **Contre les migraines liées au sinus :** appliquer une pâte de gingembre sec sur le front.

• **Contre toutes les formes de douleurs :** une application en massage de gingembre sec sur la zone douloureuse préalablement huilée.

En cuisine : Le gingembre entre dans la composition des ***currys***, des ***garam masala***, du thé indien et de certains gâteaux.

Le ***ginger tea*** régularise les menstruations, tonifie le système digestif (voir recette de la tisane de gingembre, p. 220).

Voir également dans cet ouvrage :

Boulette au gingembre (***Laddoudi***), p. 181
Gâteau au fenugrec (***Methi pak***), p. 200
Mélange digestif (***Hingvashtak churna***), p. 190
Tisane ***kapha***, p. 218
Boisson digestive (***Astachurna***), p. 223
Boisson pour la gorge (***Rab***), p. 225

Goûts (*rasas*) : piquant, amer, fort, sec
Qualités (*gunas*) : chaud
Constitutions (*doshas*) : vata, pitta, kapha ; elle augmente pitta
Nature : rajasique

PRÉSENTATION

C'est une toute petite graine noire ou jaune, selon les variétés. La moutarde noire est la plus forte, car elle contient plus d'énergie solaire. En Inde, on l'utilise pour confectionner le ***vaghar*** (base d'huile et d'épices dans laquelle on met les légumes à cuire, voir p. 148).

Ses graines donnent aussi une huile couramment utilisée dans la cuisine indienne, mais également pour les massages ayurvédiques.

En Occident, le condiment répandu sous le nom de « moutarde » entre dans la composition des sauces de salades et de crudités. Les graines de moutarde sont écrasées et réduites sous forme de pâte. La moutarde permet de bien digérer les crudités. Il n'y a donc pas qu'en Orient qu'on utilise les épices !

PROPRIÉTÉS ET BIENFAITS POUR LA SANTÉ

La moutarde augmente le Feu digestif et sert donc à mieux assimiler les aliments. Elle calme les ballonnements et donne de bons résultats en cas de vers intestinaux. Elle a des vertus antiseptiques.

Réputée également pour ses propriétés antidouleur, elle soulage les raideurs du corps.

Elle est précieuse dans le traitement des problèmes respiratoires.

INDICATIONS

Digestion difficile · Douleurs articulaires

En Inde, son huile est utilisée pour les massages pendant la saison froide (elle est chauffante). Elle active la circulation sanguine.

UTILISATIONS

Petites recettes médicinales :

Selon l'ayurvéda, l'huile de moutarde est conseillée en massage en cas :

- d'extrémités froides (mains et pieds) ;
- d'articulations douloureuses (genoux, hanches, épaules). Elle aide à dissoudre les cristaux dans les articulations ;
- de ballonnements : on masse le ventre doucement en effectuant un mouvement de rotation dans le sens des aiguilles d'une montre ;
- de soucis respiratoires : on peut masser la poitrine, le nez, les oreilles.

Mise en garde : attention à ne pas abuser de l'huile ! Elle est très chauffante et peut s'avérer irritante pour les peaux sensibles. Utiliser une huile de moutarde de très bonne qualité.

Autre usage : En médecine traditionnelle, aussi bien occidentale qu'orientale, on utilise des cataplasmes à base de farine de moutarde pour traiter les problèmes respiratoires (refroidissement, bronchite) et les lumbagos. Dans ce cas, faire préalablement un massage à l'huile de sésame sur la partie concernée, car la pose de ces catasplasmes peut irriter les épidermes fragiles.

En cuisine : En cuisine indienne, outre dans le vaghar (voir ***supra***), les graines de moutarde s'utilisent aussi dans la préparation des ***pickles***. On peut égalementi faire germer les graines de moutarde et les intégrer à une salade, à laquelle elles apporteront un goût piquant et subtil.

Voir aussi dans cet ouvrage :
Préparer le vaghar, p. 148
Faire germer des graines, p. 150
Salade de graines germées, p. 188
Mung dal aux 6 goûts, p. 156
Aubergines au fenugrec (***Ringan methi shak***), p. 158

Moutarde

Nom sanskrit : *Rajika*

Noix muscade

Nom sanskrit : *Jatiphala*

Goûts (*rasas*) : piquant, amer et astringent
Qualités (*gunas*) : chaud , léger, fort et très parfumé
Constitutions (*doshas*) : diminue vata et kapha ; prise en excès, augmente pitta
Nature : sattvique

PRÉSENTATION

Le muscadier est un bel arbre à feuilles persistantes, brillantes et vert foncé. Les fleurs produisent la noix muscade. Celle-ci se trouve dans la coquille de la graine (attention, la fleur de muscade est une épice différente).

PROPRIÉTÉS ET BIENFAITS POUR LA SANTÉ

La noix muscade a une action stomachique. Elle augmente *jatharagni*, le Feu digestif. On l'utilise pour traiter les diarrhées et les nausées. C'est également un antiparasitaire qui aide à éliminer les vers intestinaux.

Elle est excellente en cas de rhume, d'asthme.

Elle est cardiotonique. Elle fortifie l'énergie sexuelle.

Elle favorise le flux menstruel, intervient en post-accouchement et dans les maladies infantiles.

Sédative, elle facilite un bon sommeil. C'est un antidouleur naturel.

INDICATIONS

Faiblesse digestive · Perte du goût · Règles irrégulières et douloureuses · Manque d'énergie · Insomnies

Mise en garde :
c'est une épice qui se prend toujours en petites quantités. À forte dose, elle peut s'avérer dangereuse et provoquer somnolence et hallucinations.

UTILISATIONS

Petites recettes médicinales :

- **Contre les diarrhées lors de la poussée de dents du bébé :** 1 pointe de couteau de noix muscade délayée dans 1 cuil. à soupe d'eau. Mélanger et faire boire au bébé.
- **Contre les diarrhées :** prendre 1 pincée de muscade et 1 pincée de gingembre mélangées avec du yaourt.
- **Contre les vomissements et diarrhées :** faire un bouillon de riz. Utiliser l'eau du riz mélangée à 1 pincée de muscade.
- **En cas de rhume, toux, congestion du bébé et de l'enfant :** 1 pointe de couteau de poudre de muscade, de gingembre en poudre et de curcuma en poudre. Mélanger avec du miel ou du lait. Faire prendre à la cuillère à l'enfant.
- **Contre les insomnies :** 1 tasse de boisson aux amandes avec 1 pincée de muscade, 1 pincée de cardamome et du miel, avant le coucher.

En cuisine :

En France, on l'emploie pour aromatiser les potages, les tartes, les gratins.

En Inde, elle intervient dans les plats sucrés. On utilise la noix entière que l'on râpe au moment de la confection du plat.

Goûts (*rasas*) : piquant

Qualités (*gunas*) : chaud et fort

Constitutions (*doshas*) : pris avec modération, il équilibre kapha et vata ; en excès, il augmente pitta

PRÉSENTATION

Le piment se présente sous la forme d'une gousse remplie de graines dont la force varie selon les espèces et l'origine : piment oiseau, piments de Cayenne, d'Espelette, etc. Il s'utilise frais, sec ou en poudre. En Inde, il entre dans la composition du ***curry*** et du ***garam masala***.

PROPRIÉTÉS ET BIENFAITS POUR LA SANTÉ

Le piment est un apéritif et un digestif. Il élimine les toxines (***ama***), calme les coliques, nettoie la bouche, améliore le Feu digestif (voir p. 28). Il augmente la capacité d'assimilation des aliments. Doté d'un puissant effet bactéricide, il tue les microbes présents dans l'alimentation ainsi que les vers intestinaux. Cette capacité est due à la présence de capsaïcine, son principe piquant. Le piment provoque une importante salivation qui stimule les muqueuses de la bouche et facilite la digestion.

Riche en fer, il est également une importante source de vitamines A et C.

Le piment décongestionne les muqueuses et apaise le système respiratoire. Il fluidifie le sang et diminue le cholestérol. Dans les pays chauds, il rafraîchit la peau en favorisant la transpiration.

En médecine moderne, la capsaïcine est utilisée dans le traitement de la douleur. Cette substance élimine l'excès de graisse, ce qui peut être bon en cas de surpoids et d'obésité.

Attention : consommé sans modération, le piment peut provoquer des brûlures des muqueuses du système digestif (inflammation, ulcère, hémorroïdes, cystites, problèmes de peau). Trop de piment diminue la vision et tue le sperme. L'antidote au piment est le ***ghee*** (beurre clarifié). En Inde, un beignet de piment sera accompagné d'une pâtisserie au ghee. Ce dernier va adoucir le piment et le piment va faire digérer le ghee.

UTILISATIONS

Petites recettes médicinales :

Il n'y a pas de recette médicinale à base de piment.

En cuisine : L'utilisation se fait uniquement en petites quantités dans les légumes, légumineuses et apéritifs (***chutneys***).

Voir également dans cet ouvrage :

Bouillon épicé (*Rasam*), p. 166

Tapioca (*Sabudana*), p. 160

Chutney de feuilles de coriandre, p. 176

Attention : les piments forts sont à consommer avec modération. Ils stimulent fortement l'organisme et peuvent créer des addictions. Lors de la manipulation des piments, éviter de se toucher les lèvres, les yeux ou une plaie et se laver les mains après.

INDICATIONS

Surpoids · Obésité

Piment

Nom sanskrit : *Maricha*

Poivre

Nom sanskrit : *Maricha* (poivre)
Pippali (poivre long)

Goûts (*rasas*) : piquant puis amer
Qualités (*gunas*) : chaud et aromatique
Constitutions (*doshas*) : augmente pitta, diminue vata et kapha
Nature : sattvique et rajasique

PRÉSENTATION

Dans sa région indienne d'origine, Kodungallur dans le Kerala, le poivre est déjà mentionné 2 000 ans avant J.-C. Ce sont les conquêtes d'Alexandre le Grand et les voies commerciales qui firent connaître le poivre en Occident. À l'époque, l'engouement pour le poivre fut tel qu'il valait le même prix que l'or ! Il fit la fortune de Venise. Ce n'est que lorsque Vasco de Gama découvrit la voie maritime vers l'Inde que son prix commença à baisser.
Le poivrier est une liane vivace tropicale qui porte des baies en grappes pendantes. Cueillies vertes, les baies sont mises à sécher au soleil. Les baies du poivre noir sont les plus fortes.

Le poivre est l'épice la plus connue et la plus utilisée dans le monde, car il relève le goût de tous les aliments salés. Il est simple d'emploi (pas de cuisson).

PROPRIÉTÉS ET BIENFAITS POUR LA SANTÉ

Le poivre stimule la circulation sanguine, il réchauffe, fortifie. C'est un antiseptique, un fébrifuge et un très bon expectorant. Le poivre intervient directement sur le plan cellullaire et sur les fonctions métaboliques.
Une autre de ses caractéristiques est qu'il agit comme un catalyseur : il facilite l'assimilation des autres épices, il potentialise leurs effets. Ainsi, le curcuma révèle toute son efficacité lorsqu'il est associé au poivre. En cas de diabète, par exemple, la synergie curcuma-poivre va conduire son pouvoir jusqu'aux cellules productrices d'insuline et activer leurs fonctions. Ce n'est pas le poivre qui agit, c'est le curcuma ; le poivre n'est qu'un conducteur (9,5 % de curcuma et 0,5 % de poivre). (Voir la recette du riz au curcuma, p. 163.)

UTILISATIONS

Petites recettes médicinales :

- **Contre la toux :** mélanger 2 cuil. à soupe de jus de citron, 1 cuil. à soupe de miel d'acacia, ¼ de cuil. à café de gingembre en poudre et ½ cuil. à café de poivre fraîchement moulu.

En cuisine : Le poivre s'utilise de préférence en grains frais que l'on moudra au fur et à mesure des besoins. Éviter le poivre moulu fin, qui a perdu sa fraîcheur et une partie de ses vertus et qui est parfois mélangé à des poussières de céréales.
On peut mettre le poivre dans la cuisson des légumes. Il accélère et augmente les propriétés des autres épices.

INDICATIONS

Fièvre · Toux · Bronchite · Laryngite · Infections virales · Sinusite · Douleurs

***Contre-indications :* le poivre est contre-indiqué aux personnes de constitution pitta, souffrant d'ulcères, d'hémorroïdes, de saignements de nez, d'aphtes, de sensations de brûlure.**

Goûts (*rasas*) : piquant, amer, salé et astringent
Qualités (*gunas*) : chaud
Constitutions (*doshas*) : diminue vata et kapha ; peut augmenter pitta

PRÉSENTATION

La poudre rouge est un mélange d'une quinzaine d'épices traditionnellement fabriqué et utilisé dans chaque famille indienne.

Ses principaux composants sont la moutarde concassée, le fenugrec concassé, le paprika, le piment, le fenouil, la coriandre en grains, les graines de sésame, l'assa-fœtida, l'huile de sésame, le sel et quelques secrets propres à chaque famille. On utilise tout particulièrement la poudre rouge pour la confection des ***pickles*** de mangue, des ***atchars*** et on la saupoudre sur les légumes ou sur le riz.

PROPRIÉTÉS ET BIENFAITS POUR LA SANTÉ

Certains aliments sont excellents pour la santé mais manquent de goût. Or, si la nourriture est fade, les sucs gastriques et la salive ne sont pas sécrétés en assez grande quantité, et l'aliment est moins bien digéré. À cet égard, la poudre rouge est un bon décongestionnant et fluidifiant du mucus. Elle nettoie les sinus et améliore la perte du goût (agueusie).

UTILISATIONS

Petites recettes médicinales :

En cuisine : Ajouter un peu de poudre rouge, selon le goût de chacun, directement dans une assiette de légumes ou de riz. Dose conseillée : ½ cuil. à café sur une assiette chaude.

Les aliments fades mais bons pour la santé comme le tofu peuvent être relevés par un peu de poudre rouge.

Attention : ne pas faire cuire la poudre rouge car elle prend alors un goût amer. Une précuisson est effectuée lors de sa confection.

Voir également dans cet ouvrage :
Potage au brocoli, p. 167
Salade exotique, p. 173
Atchar de curcuma, p. 178
Atchar de mangues, p. 180

INDICATIONS

Sécrétions digestives insuffisantes · Perte du goût

Poudre rouge

Nom sanskrit : *Methi masala*

Safran

Nom sanskrit : *Kesar, Nagakesar*

Goûts (*rasas*) : piquant, sucré et amer
Qualités (*gunas*) : chaud
Constitutions (*doshas*) : équilibre les 3 doshas
Nature : sattvique

PRÉSENTATION

Le terme « safran » vient du persan *za'faran*. Le safran provient d'un crocus à fleurs violettes dont le pistil produit trois stigmates orangés. La plante serait originaire d'Iran et du Cachemire. Après séchage, les stigmates donnent le safran, cette épice recherchée réputée la plus chère au monde. Ce sont les stigmates (filaments) qu'on utilise ; souvent, ils sont réduits en poudre. Le safran doit sa belle couleur orange doré à un caroténoïde, d'où son très fort pouvoir colorant. Son parfum est fin, délicat et subtil.

PROPRIÉTÉS ET BIENFAITS POUR LA SANTÉ

Le safran purifie et fluidifie le sang. Il tonifie le système nerveux et, de ce fait, on le conseille en cas de dépression passagère. Il détoxifie le foie, c'est aussi un tonique du cœur. Il améliore la texture de la peau grâce à la présence d'un caroténoïde.

C'est un antioxydant auquel on prête la capacité de stopper la formation des cellules cancéreuses.

En Asie, il a la réputation d'agir comme un aphrodisiaque.

Voir également dans cet ouvrage :

Boisson aux amandes au safran (*Kesaria dudh*), p. 221
Lait à la cardamome et au safran, p. 245

INDICATIONS

Faiblesse nerveuse · Déprime passagère · Manque d'énergie · Impuissance masculine · Hémorroïdes · Asthme et toux Gastrite · Ulcères · Insuffisance hépatique

UTILISATIONS

Petites recettes médicinales :

- **Contre la déprime passagère :** 1 verre de lait d'avoine avec 1 pincée de safran et un peu de miel. À boire tiède.
- **Contre l'impuissance masculine :** 1 verre de lait de vache ou de boisson végétale chaude avec 1 pincée de safran, 1 pincée de cardamome et un peu de sucre roux. C'est aussi une bonne boisson pour le sommeil.
- **Contre les hémorroïdes :** prendre 1 cuil. à soupe de gel d'Aloe vera, 1 pincée de safran et ¼ de cuil. à café de poudre de *triphala* (préparation ayurvédique, p. 141).
- **Contre l'asthme et la toux :** prendre 1 pincée de safran, 1 cuil. à café de *trikatu* (préparation ayurvédique, p. 140, ouvrir la gélule) et un peu de miel liquide.
- **Pour tonifier le système nerveux et le cerveau :** mettre 1 pincée de safran dans ½ tasse de lait de vache ou de boisson végétale. Y ajouter le contenu d'une gélule de *brahmi* (voir p. 122).

En cuisine : En Inde, on utilise le safran dans les pâtisseries à base de lait et de fruits secs et dans les glaces, lors des fêtes. C'est une épice de luxe. En France, il parfume la bouillabaisse, en Espagne la paella, en Italie le risotto.

Pour notre santé, nous pouvons faire du riz accompagné de safran, de légumes et de quelques morceaux de *panir*, le fromage indien (voir recette p. 182).

Autres usages :

En Inde, lors des fêtes religieuses, on baigne les statues des divinités dans de l'eau safranée, car le safran est de nature sattvique (fréquence vibratoire élevée). La plus connue est le bain de la statue de Bouddha à Shravanabelagola, dans l'État du Karnataka.

Goûts (*rasas*) : sucré, astringent et parfumé
Qualités (*gunas*) : léger et sec
Constitutions (*doshas*) : équilibre les 3 doshas
Nature : sattvique

PRÉSENTATION

Il existe trois sortes de sels : le sel de l'Himalaya, le sel de roche noir et le sel de mer.

Les sels de roche et de l'Himalaya sont les meilleurs pour la santé selon l'ayurvéda, car leur énergie est froide. L'énergie du sel de mer est chaude. Le sel de l'Himalaya élimine les métaux lourds et dissout les dépôts calcaires.

Aucune cuisine n'existe sans le sel. C'est une grande bénédiction pour l'humanité lorsqu'il est consommé de façon équilibrée, mais, pris en excès, il peut aussi se transformer en malédiction. C'est le sel qui fait ressortir le goût de tous les aliments, des épices et des herbes.

PROPRIÉTÉS ET BIENFAITS POUR LA SANTÉ

Le sel est bon pour les problèmes respiratoires, les muqueuses. Il est favorable lorsque ***vata*** est en excès dans le système digestif. Il augmente le Feu digestif.

C'est un conservateur naturel et un exhausteur de goût. Il peut entraîner une sorte d'addiction. Consommé en excès, il provoque œdèmes, tension artérielle, cellulite et problèmes de peau, tels que l'eczéma. Dans ce cas, il faut utiliser le sel de roche (sel de l'Himalaya).

Il est important d'utiliser du sel de mer non raffiné biologique, car le sel blanc commun est blanchi, nettoyé avec des produits chimiques et chauffé à des températures très élevées avant d'être mis sur le marché.

UTILISATIONS

Petites recettes médicinales :

• **Pour calmer les ballonnements, les gaz :** prendre ½ cuil. à café de thym indien et 1 pincée de sel.

• **Pour soulager les gencives gonflées et les gingivites :** faire un bain de bouche avec ½ cuil. à café de sel et ½ cuil. à café de curcuma en poudre. Mélanger cette poudre avec de l'eau tiède.

• **Pour nettoyer les dents :** les frotter avec 1 pincée de sel mélangée avec 2 gélules de charbon actif végétal.

• **Contre le mal de gorge :** faire un gargarisme avec 1 cuil. à café de sel et 1 grand verre d'eau chaude.

• ***Jala neti* :** on utilise de l'eau tiède salée pour nettoyer les cavités nasales et les sinus avec un ***neti*** (petit pot qui s'adapte à l'anatomie du nez). Le sel nettoie, désinfecte les sinus et élimine l'excès de mucus.

• ***Kriya vaman*, « vomification thérapeutique » (en yoga et ayurvéda) :** on boit très rapidement de l'eau chaude salée, puis on vomit toute l'eau bue. Cette pratique nettoie l'estomac et le tube digestif en rejetant l'excès de toxines ou de déchets non digérés.

Petites recettes ayurvédiques externes :

• **Pour soulager les jambes lourdes et fatiguées :** effectuer un massage avec de l'huile de sésame, puis tremper pieds et jambes dans de l'eau chaude salée.

• **Contre les douleurs :** un bain avec de l'eau chaude salée soulage les douleurs articulaires, musculaires et circulatoires. C'est le principe du bain de mer et de la thalassothérapie, qui doivent leur efficacité à l'action de l'eau de mer froide ou chaude (en thalasso). L'alliance de l'eau de mer salée et de la chaleur est particulièrement efficace.

• **Entorse des chevilles et autres :** en cataplasme, une pâte préparée à base de sel marin et de poudre de curcuma (1 cuil. à soupe de sel et 1 cuil. à soupe de curcuma) donne un résultat très intéressant.

• **Pour un gommage de peau (corps ou visage) :** mélanger 1 cuil. à soupe de farine de pois chiches avec 1 cuil. à café de sel, 1 cuil. à café de sucre et 1 cuil. à café de yaourt.

En cuisine : De nos jours, le sel est utilisé en excès dans les plats préparés de la grande distribution et dans les viandes comme conservateur. Voilà comment un excellent produit, pris en excès, peut devenir un ennemi pour notre santé !

Autre usage : Le sel capte et absorbe les énergies négatives dans la maison.

Sel

Nom sanskrit : *Samudra lavan*
(« sel de la mer »)

Tamarin

Nom sanskrit : ***Chincha***

Goûts (*rasas*) : acide
Qualités (*gunas*) : chaud
Constitutions (*doshas*) : bien pour les 3 doshas, particulièrement pour pitta ; en excès, augmente vata et kapha

PRÉSENTATION

Le tamarinier est un très grand et bel arbre, duquel pendent de longues gousses qui renferment des graines entourées d'une pulpe épaisse.

Arrivé à maturité, le tamarin devient doux et acide. Les Indiens l'utilisent dans leur cuisine un peu comme les Européens le citron. On peut le sécher et ainsi le conserver pendant une longue période. Il est vendu en purée ou en petits blocs séchés dans les épiceries indiennes.

PROPRIÉTÉS ET BIENFAITS POUR LA SANTÉ

Le tamarin a une action légèrement laxative ; il augmente le goût de l'aliment.

Il enlève les excès de chaleur (coups de soleil). Soulage également les brûlures.

Il est indiqué en cas d'indigestion, de nausées, de mal de mer.

En Inde, le tamarin est un antidote des plantes toxiques (belladone, aconit, abus d'alcool).

Il est riche en phosphore et en calcium.

Consommé en excès, il peut favoriser les problèmes d'articulations.

UTILISATIONS

Petites recettes médicinales :

• Le jus de tamarin provoque une légère purge qui calme les hémorroïdes.

• Le jus de tamarin mélangé avec du sucre candi évite ou atténue les coups de soleil.

• En usage externe, appliquer un peu de pulpe de tamarin, mélangée avec de l'eau.

En cuisine : Le tamarin entre dans la composition du ***dal*** et du ***rasam*** (voir recette p. 166).

INDICATIONS

Coup de soleil · Brûlure · Nausées · Mal de mer · Hémorroïdes

Goûts (*rasas*) : piquant et amer
Qualités (*gunas*) : chaud, léger, fort et pénétrant
Constitutions (*doshas*) : calme vata et kapha ; stimule pitta

PRÉSENTATION

Le thym indien est une épice utilisée principalement en Inde et au Moyen-Orient. Ses graines ressemblent à celles du cumin, mais son goût rappelle celui de notre thym, en plus fort. Une petite quantité domine le parfum d'un plat. On ne l'utilise presque jamais cru mais grillé soit à sec, soit avec un peu d'huile. Le thym indien développe un arôme subtil et complexe.

PROPRIÉTÉS ET BIENFAITS POUR LA SANTÉ

Le thym indien augmente le Feu digestif et rend la digestion plus aisée. Il calme les douleurs abdominales. Il est particulièrement important de l'associer à la cuisson des légumineuses car il diminue les flatulences causées par celles-ci. Il augmente l'appétit. C'est aussi un antiémétique, recommandé en cas d'indigestion, de diarrhées, de vers intestinaux.

Le thym indien est un tonique pour le cœur. Il calme les troubles du système respiratoire.

Il est prescrit pour purifier le lait maternel et stimuler l'utérus après l'accouchement.

Enfin, il soulage la congestion des sinus, les rhumes, la fièvre.

INDICATIONS

Indigestion · Diarrhées · Perte d'appétit · Congestion des sinus · Rhume · Fièvre

UTILISATIONS

Petites recettes médicinales :

Usage interne

- **Contre les douleurs abdominales et l'indigestion :** ½ cuil. à café de thym indien grillé avec 1 pincée de sel. À prendre avec un peu d'eau chaude.
- **Contre les nausées et vomissements :** mâcher 1 pincée de thym indien grillé, avaler le jus et le mucilage.
- **Pour soulager les irritations de la gorge :** faire une tisane de thym indien et la boire à petites gorgées.
- **Pour combattre les rhumes, la fièvre :**

- Faire une tisane de thym indien avec 1 pincée de gingembre, 1 pincée de poivre et un peu de miel liquide.

- Pour les bébés, faire chauffer ½ cuil. à café de thym indien puis le mettre dans une petite gaze et le faire respirer au bébé.

Le thym indien est conseillé pour les **constitutions *kapha***, qui mangent très sucré, qui ont des allergies respiratoires ou qui sont obèses.

Usage externe

- **Pour soulager rhumes, migraines et congestion des sinus :** faire une inhalation avec 1 grosse pincée de thym indien.
- **Pour calmer les problèmes respiratoires et articulaires :** faire chauffer 1 cuil. à café de thym indien avec 50 ml d'huile de sésame jusqu'à ce que le thym commence à griller et exhaler son parfum. Filtrer puis masser avec l'huile chaude l'organe concerné.

En cuisine, voir également dans cet ouvrage :

Mélange digestif (*Hingvashtak churna*), p. 190
Mélange digestif (*Mukhavas*), p. 192
Tisane *Vata*, p. 216
Boisson digestive (*Astachurna*), p. 223

Thym indien

Nom sanskrit : *Ajwain*

Autres produits ayurvédiques

Aloe vera

Nom sanskrit : *Kumari*

Goûts (*rasas*) : piquant et amer
Qualités (*gunas*) : froid
Constitutions (*doshas*) : réduit kapha et pitta

PRÉSENTATION

L'aloès vrai ou **Aloe vera** est une plante succulente constituée de longues feuilles charnues et pointues aux extrémités. Le gel d'aloès qui se trouve à l'intérieur des feuilles est utilisé depuis 6 000 ans en phytothérapie et pour les soins de la peau. En sanskrit, ***Kumari*** signifie « jeune fille de seize ans ». C'est dire s'il est connu comme un élixir de jeunesse depuis la nuit des temps et depuis que l'ayurvéda existe !

PROPRIÉTÉS ET BIENFAITS POUR LA SANTÉ

L'***Aloe vera*** est indiqué pour tous les désordres gynécologiques et les problèmes hormonaux féminins.

Il est considéré comme un élixir de jeunesse car il nettoie l'organisme, stabilise la flore intestinale et purifie le sang. Il draine le foie.

C'est également un diurétique et un laxatif. Il peut provoquer de la diarrhée s'il est pris en excès.

Il active la guérison des blessures, des fractures, des brûlures. Il est excellent pour la peau. C'est un agent de réjuvénation largement utilisé en dermatologie et en cosmétologie.

UTILISATIONS

Petites recettes médicinales :

Usage interne

· **Jus ou gel :** l'**Aloe vera** s'utilise en gel ou en jus frais mélangé à un peu de miel. En moyenne, prendre 1 cuil. à soupe de jus frais avec la même quantité d'eau deux fois par jour, ou 1 cuil. à soupe de gel.

· **Contre les troubles gynécologiques :** le ***kumari asava*** est une forme d'***Aloe vera*** fermenté que l'on prescrit aux femmes indiennes.

Usage externe

· **En cas de coupure,** il est utile de posséder un spécimen d'**Aloe vera** chez soi. C'est la plante des premiers soins par excellence. Prendre alors un petit morceau de la plante et appliquer le gel sur la plaie pour apaiser la douleur.

· **En cosmétique,** l'**Aloe vera** est un hydratant ; il adoucit les peaux irritées ou très sèches et il soulage les coups de soleil.

L'***Aloe vera*** entre dans la composition de l'huile d'***amla*** (voir *Amalaki*, p. 116) et de l'huile ***murivenna***.

INDICATIONS

Troubles gynécologiques · Surcharge du foie · Vieillissement cutané

Goûts (*rasas*) : les 6 goûts sauf piquant, avec une dominante acide et astringente
Qualités (*gunas*) : froid, léger et sec
Constitutions (doshas) : tridoshique (3 doshas), particulièrement bon pour pitta

PRÉSENTATION

L'amalaki est un fruit médicinal réputé en ayurvéda. Il est vert clair. Issu d'un grand arbre tropical ***(Phyllantus emblica)***, il est l'ingrédient principal d'une préparation ancestrale nommée ***chavanprash***, sorte de confiture de jouvence, épaisse et épicée. En Inde, on dit que c'est l'un des « nectars » de l'ayurvéda. Ce fruit a une très haute teneur en vitamine C.

PROPRIÉTÉS ET BIENFAITS POUR LA SANTÉ

Selon l'ayurvéda, l'amalaki est un fruit qui convient à toutes les constitutions en toute saison, tout pays, à tout âge et sous tous les climats. C'est un ***rasayana*** qui a un puissant effet régénérant, rajeunissant.

L'amalaki améliore la digestion et favorise l'élimination des toxines. Il purifie le sang et aide à évacuer les métaux lourds. C'est pourquoi il est particulièrement conseillé aux gens qui vivent dans les grandes villes polluées.

Associé au curcuma, il est approprié aux personnes souffrant de diabète.

L'amalaki est très rafraîchissant. En ayurvéda, on dit qu'il est excellent pour les sept tissus du corps : jus nourricier, sang, muscles, graisses, os et moelle osseuse, sperme, ovules et la « lumière » du corps (***ojas***).

INDICATIONS

Santé des cheveux et de la peau · Diabète · Fatigue des yeux · Ménorragie · Saignements de nez · Hémorroïdes · Faiblesse du système immunitaire · Insuffisance du sperme · Vieillissement cellulaire

UTILISATIONS

Petites recettes médicinales :

Usage interne

· **Contre le diabète :** 1 cuil. à café de jus d'amalaki frais avec 1 cuil. à café de jus de curcuma frais est une véritable panacée. À prendre le soir avant le repas.

· **Contre les migraines :** mélanger ½ cuil. à café de poudre d'amalaki avec du ghee et du sucre brun à parts égales. À prendre le matin à jeun.

· **Pour les enfants :** un fruit d'amalaki préalablement trempé 3 jours dans de l'eau avec 1 pincée de sel et de curcuma est une recette courante en Inde. À prendre avant le repas.

· **Triphala** (⅓ d'***amla***, ⅓ d'***haritaki***, ⅓ de ***bibhitaki***) est une préparation basique couramment utilisée en Inde pour traiter divers problèmes, en particulier pour réguler le transit intestinal et éviter la constipation. À prendre une fois par jour.

Usage externe

Pour colorer les cheveux naturellement, les femmes indiennes mettent dans une casserole en fonte du yaourt acide et de la poudre d'***amla***. Elles laissent reposer le mélange une nuit et appliquent cette pâte sur leurs cheveux le lendemain.

L'huile d'amla est excellente pour la beauté des cheveux, pour éviter les insolations, pour le sommeil et pour calmer l'esprit. Éviter de l'utiliser par temps froid.

En cuisine : Pendant la saison de l'amalaki (hiver indien), les femmes préparent des confitures et des pickles à base d'amalaki.

Amalaki

Nom sanskrit : *Amla*

Ashwagandha

Nom sanskrit : ***Ashwagandha***

Goûts (*rasas*) : piquant, amer et doux
Qualités (*gunas*) : léger, onctueux et chaud
Constitutions (*doshas*) : calme vata et kapha

PRÉSENTATION

Utilisé depuis 5 000 ans en Inde, l'ashwagandha est une plante médicinale (*Withania somnifera*) extrêmement puissante pour revitaliser et donner de l'énergie, pour lutter contre toutes les formes de stress. En Inde, le mot sanskrit ***ashwagandha*** signifie « l'odeur du cheval », en référence à la force de cheval qu'apporte la plante. Elle est l'équivalent indien du ginseng de Chine. On utilise ses racines, plus riches en principes actifs que ses feuilles.

PROPRIÉTÉS ET BIENFAITS POUR LA SANTÉ

L'ashwagandha renforce l'immunité du corps et donne du « muscle ». En cela, il est l'allié des grands sportifs. C'est un tonique nerveux qui favorise le sommeil. Il stimule la vigueur physique tout en apaisant le stress.
C'est un aphrodisiaque naturel très connu et largement utilisé dans la pharmacopée indienne. Il aide à la procréation pour les hommes et les femmes. Il agit sur les sept tissus du corps, combat l'impuissance chez les hommes et la frigidité chez les femmes.
Il est diurétique. Il purifie le sang. Il ralentirait le vieillissement. Dans certains cas, on le recommande aussi en cas de difficultés respiratoires et de problèmes thyroïdiens.

UTILISATIONS

Petites recettes médicinales :

Usage interne

L'ashwagandha existe en capsules. On peut aussi le consommer en poudre, avec un peu d'eau ou de lait chaud et du sucre.
L'***ashwagandharista***, courant en Inde, est un vin fermenté qui redonne de la vitalité.
Il entre dans la composition du ***chavanprash***, sorte de confiture faite de divers fruits et utilisée comme fortifiant.

Usage externe

L'huile d'ashwagandha est une excellente huile de massage.

INDICATIONS

Manque d'énergie et de vitalité · Impuissance · Frigidité · Cystites · Hémorroïdes · Faiblesse du système immunitaire

Goûts (*rasas*) : astringent, amer et doux
Qualités (*gunas*) : léger et sec
Constitutions (*doshas*) : réduit pitta et kapha
Nature : rajasique

PRÉSENTATION

Le boswellia (***Boswellia serrata***) est un arbre originaire de l'Inde dont on extrait un encens également appelé « oliban ». Cet encens est utilisé en fumigations pour purifier, éloigner les forces négatives, les microbes et les insectes.

PROPRIÉTÉS ET BIENFAITS POUR LA SANTÉ

La vraie force du boswellia est d'être à la fois un anti-inflammatoire et un analgésique naturels. De ce fait, il active la guérison des blessures et permet de retrouver rapidement la mobilité du corps.
Il purifie également le sang.
En Inde, on l'utilise pour traiter les tumeurs, spécialement celles du cerveau.

UTILISATIONS

Petites recettes médicinales :

Le boswellia est vendu sous forme de comprimés ou de capsules. Pour la posologie, se conformer aux indications du praticien.
En usage externe, il entre dans la composition d'huiles de massage antidouleur.
Il intervient aussi dans la fabrication des pochons utilisés pour le massage ***Jambeera pinda sveda***, réputé souverain dans les cas de douleurs lombaires et articulaires.

INDICATIONS

Douleurs articulaires

Boswellia

Nom sanskrit : *Shallaki*

Brahmi

Nom sanskrit : *Brahmi*

Goûts (*rasas*) : piquant et amer
Qualités (*gunas*) : léger
Constitutions (*doshas*) : calme kapha et pitta
Nature : sattvique

PRÉSENTATION

Issu d'une plante grasse (*Bacopa monnieri*), le brahmi est un antique remède de la médecine ayurvédique qui l'utilise comme tonique, particulièrement du cerveau. Il améliore les performances cognitives. Suivant la conception hindoue, le cerveau est le centre de l'activité créatrice. Les Indiens appellent « brahmi » tous les remèdes qui traitent les troubles de la mémoire en référence à Brahma, créateur mythique du panthéon hindou. Les feuilles de cette plante ont d'ailleurs la forme d'un cerveau.

PROPRIÉTÉS ET BIENFAITS POUR LA SANTÉ

Le brahmi est connu pour agir directement sur le cerveau, améliorer la mémoire, les fonctions mentales, la concentration. Il diminue le stress et l'anxiété en opérant comme un calmant pour le corps et l'esprit. Toutes ces raisons font de lui l'allié des étudiants en période d'examens.

En Inde, on l'emploie dans les cas de dépression, de colère, d'agressivité et pour combattre toutes les énergies mentales négatives. Le brahmi est efficace lorsqu'une personne est bloquée dans un cycle répétitif d'habitudes alimentaires émotionnelles. Il s'utilise en complément des traitements de la maladie d'Alzheimer. Il aurait la capacité d'absorber l'aluminium et le cadmium du cerveau. C'est un sédatif utile dans les cas d'insomnies. Il régénère le système nerveux. Il est aussi préconisé dans les cas de diabète, contre la chute des cheveux, pour la qualité de la voix.

UTILISATIONS

Petites recettes médicinales :

Usage interne

· **Capsules :** en particulier pour la mémoire (étudiants). Le brahmi développe les sens de l'analyse et de l'orientation. On le prescrit également pour traiter les pertes de mémoire des personnes âgées.

Usage externe

· **Huile :** l'huile de brahmi s'utilise pour le massage du crâne et du cuir chevelu. Elle rafraîchit la tête et apporte une bonne qualité de sommeil.

En cuisine :

· **Potage :** les feuilles de brahmi peuvent entrer dans la composition d'un potage.
· **Chutney :** mixer ensemble 3 cuil. à soupe de noix de coco râpée, un oignon coupé fin, ½ cuil. à café de gingembre frais râpé, un peu de sel et un bouquet de feuilles de brahmi.

INDICATIONS

Troubles de la mémoire
· Difficulté de concentration · Stress, anxiété
· Insomnies · Faiblesse nerveuse

Goûts (*rasas*) : acide
Qualités (*gunas*) : chaud (citron jaune), froid (citron vert)
Constitutions (*doshas*) : équilibre les 3 doshas, pas d'excès pour pitta

PRÉSENTATION

Le citron jaune est un agrume très répandu sur tout le pourtour méditerranéen. Il se prête en cuisine à de multiples usages et sert également à préparer des boissons. Il possède en outre de nombreuses propriétés thérapeutiques.

Le citron vert (ou lime) a des vertus médicinales proches de celles du citron jaune. Les constitutions *pitta* utiliseront de préférence le citron vert.

PROPRIÉTÉS ET BIENFAITS POUR LA SANTÉ

Le citron aiguise l'appétit et rehausse le goût des autres aliments. Il réveille et stimule les papilles. Il augmente la salivation, les sucs gastriques, les sécrétions dans la vésicule biliaire. Il détoxifie le foie.

Sa haute teneur en vitamine C et ses propriétés antimicrobiennes font du citron un compagnon utile pour prévenir les infections.

INDICATIONS

Coup de soleil · Brûlure · Nausées · Mal de mer · Hémorroïdes

UTILISATIONS

Petites recettes médicinales :

· **Contre les nausées et vomissements :** boire un peu d'eau additionnée de jus de citron.

· **En cure :** le citron purifie le foie.

En cuisine :

· **Chutney de citron :** couper 2 citrons verts en petits morceaux avec la peau (mais sans les pépins). Faire cuire à feu doux en ajoutant 1 cuil. à soupe d'eau jusqu'à ce que le citron ramollisse. Ajouter 1 cuil. à café de sel et 4 cuil. à soupe de sucre roux. Faire cuire de nouveau, comme une confiture. Lorsque le mélange épaissit, couper le feu. Ajouter alors 1 cuil. à café de poudre de curcuma et 1 cuil. à café de poudre rouge. Mélanger et laisser refroidir.

Voir également dans cet ouvrage :

Chutney de graines germées, p. 151
Bouillon épicé (*Rasam*), p. 166
Bouillon au gingembre et à la coriandre frais, p. 168
Potage au yaourt et à la farine de pois chiches (*Kadhi*), p. 170
Salade de graines germées, p. 188
Soja ayurvédique, p. 154
Mung dal aux 6 goûts, p. 156
Aubergines au fenugrec (*Ringan methi shak*), p. 158
Chutney de feuilles de coriandre, p. 176
Atchar de curcuma, p. 178
Gâteau salé au riz et dal (*Dhokla*), p. 185
Fromage (*Panir*), p. 182
Mélange digestif (*Mukhavas*), p. 192
Potion des initiés, p. 210
Boisson à l'hibiscus (*Power syrup*), p. 212
Jus de carotte au gingembre, p. 209
Tisane de la bonne humeur, p. 221
Potion magique, p. 222

Citron

Nom sanskrit : *Nimbuka*

Ghee

Nom sanskrit : ***Ghrita***

Goûts (*rasas*) : doux
Qualités (*gunas*) : gras et lourd
Constitutions (*doshas*) : calme vata et pitta ; peut augmenter kapha
Nature : sattvique

PRÉSENTATION

Le ghee désigne le beurre qui a été fondu et clarifié. « Fais des dettes mais mange du ghee », dit le dicton populaire qui témoigne du respect et de l'importance que les Indiens accordent au ghee, indissociable de leur vie domestique. Dans la mythologie indienne, l'enfant Krishna est connu pour voler le ghee et s'en délecter pour ses vertus sattviques (chargé de lumière).

PROPRIÉTÉS ET BIENFAITS POUR LA SANTÉ

En Inde, le ghee est considéré comme un ***rasayana*** (la médecine ayurvédique lui attribue un pouvoir rajeunissant et régénérateur des sept tissus du corps). Il augmente la force physique, la lumière de la peau, l'intelligence, la mémoire. Le ghee est excellent pour les yeux, car il calme ***pitta***. Il augmente le Feu digestif. Rafraîchissant, le ghee est bon pour les cordes vocales. Il contribue à l'élimination des métaux lourds. Il est indiqué à la femme enceinte, qui pourra l'utiliser généreusement.

Bon à savoir : dans l'alimentation, on utilise du ghee frais. Pour les usages médicinaux, plus le ghee est ancien, meilleur il est !

INDICATIONS

Migraines et maux de tête · Fièvre · Problèmes oculaires · Cicatrisation de la peau · Coup de soleil · Grossesse et post-accouchement

Contre-indications : les personnes obèses, diabétiques et sédentaires s'abstiendront de consommer du ghee.

UTILISATIONS

Petites recettes médicinales :

· **Contre les fièvres et migraines :** masser le front et les tempes avec du ghee et masser les plantes de pieds avec un bol ***kansu*** et du ghee pour éliminer l'excès de chaleur (***pitta***) ; ajouter 3 gouttes de ghee liquide tiède dans les narines.

· **Pour calmer les brûlures et les coups de soleil :** appliquer une crème « maison » en mélangeant 1 cuil. à café de ghee, ½ cuil. à café de poudre de curcuma et 1 cuil. à café de gel d'***Aloe vera***.

· **Contre les problèmes oculaires :** mettre 1 goutte de ghee liquide dans les yeux et masser les pieds avec un bol ***kansu*** et du ghee.

· **En cure ayurvédique,** on utilise le ghee pur dans le ***panchakarma*** (processus de désintoxication du corps). Il a pour vertu de ramener les toxines dans le système digestif. Il régule ***pitta***. Le ghee est aussi utilisé dans de nombreuses préparations ayurvédiques à base de plantes.

Autre usage : Dans la maison, la lampe à ghee, équivalent de notre bougie, donne une atmosphère qui nettoie les énergies négatives du lieu et apaise.

En cuisine : La cuisine indienne utilise le ghee dans un grand nombre de plats, tels que le riz, le ***khitchedi***, les ***chapati***. Une cuillerée à café par personne permet de mieux digérer et adoucit le système digestif. C'est un antidote aux plats épicés (piment, moutarde, gingembre). Et les épices permettent de bien digérer le ghee. Enfin, les pâtisseries indiennes sont toujours faites avec du ghee. Cela permet une conservation plus longue que le beurre.

Voir également dans cet ouvrage :
Préparer le vaghar, p. 148 - Préparer le ghee, p. 149
Potage au petit-lait de panir, p. 172 - Potage au brocoli, p. 173
Riz aux lentilles (***Khitchedi***), p. 162
Boulette au gingembre (***Laddoudi***), p. 181
Gâteau à la semoule (***Shiro***), p. 198
Gâteau au fenugrec (***Methi pak***), p. 200
Mélange digestif (***Hingvashtak churna***), p. 190
Lait au curcuma ou lait d'or, p. 232

Goûts (*rasas*) : sucré, acide et astringent
Qualités (*gunas*) : léger et rafraîchissant
Constitutions (*doshas*) : calme les 3 doshas, particulièrement pitta
Nature : sattvique

PRÉSENTATION

Originaire d'Asie occidentale et centrale, le grenadier est un bel arbre qui s'est bien acclimaté sur tout le pourtour méditerranéen. Le fruit à écorce coriace renferme de façon cloisonnée de nombreuses graines dures entourées de pulpe rose à rouge selon la variété.

PROPRIÉTÉS ET BIENFAITS POUR LA SANTÉ

La grenade est un fruit particulièrement riche en antioxydants, protecteurs du système cardiovasculaire. De récentes recherches donnent à penser qu'elle serait aussi utile dans la prévention du cancer (particulièrement celui de la prostate).
Ses propriétés astringentes soignent la dysenterie et les diarrhées liées au ***pitta***. C'est un excellent fruit pour le système digestif, car il régénère les cellules abîmées du corps. Désaltérante, la grenade étanche la soif, calme les brûlures intérieures, l'acidité, la fièvre, donne une bonne haleine.
La grenade rend le pH du corps alcalin, en diminuant l'acidité. Aussi son jus est-il préconisé en cas de cancer. C'est un antioxydant qui nettoie le sang et les artères. Il abaisse la tension artérielle chez ceux qui en consomment régulièrement.
La grenade calme les maux de tête liés au trop-plein de soleil et les yeux qui brûlent. En Inde, elle est connue pour augmenter la production du sperme.

UTILISATIONS

Petites recettes médicinales :
La grenade est présente dans de nombreux médicaments ayurvédiques. En ayurvéda, on utilise aussi sa peau pour des préparations ayurvédiques.
Dans les cas de diarrhées, nausées, vomissements, terrain trop acide, aphtes, extinction de voix mais aussi ménorragie (règles très abondantes), hémorragie, stérilité : boire régulièrement du jus de grenade fraîchement pressé. Un bon jus de grenade bio peut aussi être utilisé.

En cuisine : En Inde, on parsème souvent 1 cuil. à soupe de graines de grenade sur une salade composée (voir recette de la salade exotique, p. 186).

INDICATIONS

Dysenterie · Diarrhées · Acidité · Problèmes féminins · Prévention du cancer · Tension artérielle

Grenade

Nom sanskrit : *Dadim*

Guggul

Nom sanskrit : *Guggulu*

Goûts (*rasas*) : piquant et amer
Qualités (*gunas*) : léger, sec, piquant, subtil, en mouvement, huileux
Constitutions (*doshas*) : diminue vata et kapha
Nature : rajasique

PRÉSENTATION

Le guggul est la résine d'un arbre qui pousse en Inde ; elle est similaire à la myrrhe.

PROPRIÉTÉS ET BIENFAITS POUR LA SANTÉ

Le guggul est un produit naturel qui agit à la fois sur l'inflammation et la douleur.

Il réduit également le cholestérol et les graisses, nettoie les tissus encrassés. C'est pourquoi on le conseille aux personnes désireuses de perdre du poids.

Parmi ses autres bienfaits, c'est un antimicrobien qui tue les micro-organismes, particulièrement ceux des blessures dont il accélère la guérison. Le guggul est employé dans bon nombre de préparations ayurvédiques pour soulager les douleurs articulaires et traiter les maladies de peau.

Son action est multipliée lorsqu'il est associé à certaines autres plantes.

UTILISATIONS

Le guggul est disponible en gélules. Pour la posologie, se conformer aux indications du fabricant ou du praticien.

INDICATIONS

Douleurs articulaires · Surpoids

Goûts (*rasas*) : doux et sucré
Qualités (*gunas*) : frais et lourd
Constitutions (*doshas*) : tridoshique, diminue vata et pitta
Nature : sattvique

PRÉSENTATION

La noix de coco est le fruit du cocotier, un palmier très haut commun aux pays tropicaux. Il donne un fruit sucré, présent dans chaque cérémonie religieuse importante et dans les temples. Le cocotier entier est utilisé : l'écorce et les branches pour les toitures des huttes, les paniers, les tapis ; les fibres de l'enveloppe du fruit pour fabriquer de la ficelle ; les coques pour fabriquer des bols.

La noix de coco est de nature sattvique. Selon son degré de maturation, on boit l'eau de coco (qui se solidifie au fur et à mesure de sa maturation pour former la pulpe blanche : le coprah) ou on mange le fruit. La valeur de l'eau de coco et de sa pulpe est incontestable (40 % d'huile, 43 % d'eau et 17 % de matière sèche). On en fait aussi de l'huile, des bougies. C'est l'ingrédient basique de nombreux cosmétiques (crèmes, laits, baumes, shampooings, savonnettes).

PROPRIÉTÉS ET BIENFAITS POUR LA SANTÉ

La noix de coco est bonne pour le cœur. On a observé que dans les régions tropicales où l'on en consomme beaucoup, les habitants ont moins de maladies cardiovasculaires. Elle fait baisser le taux de cholestérol. Son lait est proche du lait maternel et il est très nourrissant. C'est un bon fruit qui renforce le système immunitaire et favorise également un bon fonctionnement de la thyroïde.

L'huile de coco rafraîchit la tête, prévient les insolations, évite les pellicules, améliore la qualité du cheveu. Le massage du corps à l'huile de coco élimine la sécheresse de la peau et atténue les rides. Certaines maladies de peau comme le psoriasis ou l'eczéma sont améliorées par des massages réguliers à l'huile de coco. L'huile de coco est antifongique et antiparasitaire. C'est aussi un excellent cicatrisant (coupures, ulcères, blessures, etc.). Elle répare les tissus endommagés.

L'utilisation de l'huile de coco en cuisine accompagnée d'exercices physiques permet d'éliminer la graisse autour du ventre. L'huile de coco étant rafraîchissante, il faut éviter de l'utiliser en saison froide.

L'eau de coco protège le système digestif ; antifongique, elle écarte la « turista » lors des voyages en pays tropicaux. Elle est indiquée en cas de cystites et de fortes chaleurs. La noix de coco est le seul fruit qui contient un nectar que l'on boit. C'est une boisson sattvique, reminéralisante et diurétique (elle diminue les œdèmes).

UTILISATIONS

Petites recettes médicinales :

Outre les massages évoqués plus haut, une application d'huile de coco sur les ongles a des effets salutaires en cas de mycose.

En cuisine : Vous pouvez boire l'eau de coco. La noix de coco râpée aromatise les pâtisseries. Le lait de coco donne un très bon goût au riz, aux sauces, aux glaces. Il est fabriqué à partir de coprah nature.

Voir également dans cet ouvrage :

Gâteau à la semoule (Shiro), p. 198
Lait au curcuma ou lait d'or, p. 232

INDICATIONS

Problèmes de pitta · Faiblesse du système immunitaire · Prévention des maladies cardiovasculaires · Santé des cheveux et de la peau

Noix de coco

Nom sanskrit : *Narikel* ou *Shrifal*

Sésame

Nom sanskrit : *Til*

Goûts (*rasas*) : doux et astringent
Qualités (*gunas*) : chaud et neutre
Constitutions (*doshas*) : calme vata ; si pris en excès, peut augmenter pitta et kapha
Nature : sattvique

PRÉSENTATION

« Sésame, ouvre-toi ! » Les gousses de cette plante oléagineuse révèlent en effet des graines d'une grande richesse nutritionnelle. On aurait retrouvé des traces de leur consommation il y a 7000 ans. En ces temps-là, nos ancêtres leur prêtaient des pouvoirs magiques.

Les graines de sésame ouvre les pores, nettoie les ***nadis*** (canaux subtils du corps). Elles donnent une huile réputée la meilleure pour les massages.

PROPRIÉTÉS ET BIENFAITS POUR LA SANTÉ

Le sésame dispense ses bienfaits à tous les tissus du corps, particulièrement les os. Les graines sont une excellente source de calcium et de vitamine E. Elles sont antioxydantes et très nutritives (60 % de lipides). Elles augmentent le taux de bon cholestérol et préviennent les problèmes cardiaques. Riche en fibres alimentaires, elles facilitent le transit intestinal et sont laxatives. On conseille aussi le sésame pour les rhumatismes et les raideurs articulaires, les spasmes musculaires, les acouphènes, les gingivites et les caries dentaires. L'huile, d'une grande perméabilité, véhicule en profondeur les acides gras. Elle calme les irritations cutanées et les coups de soleil.

Le massage à l'huile de sésame, tiède ou chaude, équilibre les trois ***doshas***. Il apporte un bon sommeil, maintient une bonne vision, enlève la fatigue et soulage les douleurs. Il est également l'allié des femmes en période de ménopause.

L'huile de sésame est réjuvénante. Enfin, le sésame est un excellent produit pour les pratiquants du yoga, car il est de nature sattvique.

Voir également dans cet ouvrage :

Bouillon épicé (*Rasam*), p. 166
Soja ayurvédique, p. 154
Mung dal aux 6 goûts, p. 156
Aubergines au fenugrec (*Ringan methi shak*), p. 158
Tapioca (*Sabudana*), p. 160
Galette au soja (*Mag na pudla*), p. 164
Atchar de curcuma, p. 178
Atchar de mangues, p. 180
Gâteau salé au riz et dal (*Dhokla*), p. 184
Mélange digestif (*Mukhavas*), p. 192

UTILISATIONS

Petites recettes médicinales :

En Inde, l'huile de sésame sert de base à toutes les huiles ayurvédiques. On peut faire un automassage à l'huile de sésame.

· **Gandouche :** il s'agit d'une pratique efficace et peu connue. Après avoir utilisé le gratte-langue et s'être lavé les dents, mettre 1 cuil. à soupe d'huile de sésame dans la bouche et faire de légers mouvements du corps à droite et à gauche. Gandouche est excellent pour les cas de gingivites, les problèmes de mâchoires et, d'une façon générale, pour l'hygiène buccale.

En cuisine : Pour les enfants et les végétariens, les graines de sésame constituent une excellente source de protéines végétales.

La meilleure façon d'utiliser les graines est le gomasio (mélange de sésame grillé et de sel marin). On en saupoudre les salades et on l'ajoute dans les sauces. Au Moyen-Orient, on utilise couramment la purée de sésame. Elle entre dans la composition de l'houmous, purée de pois chiches.

INDICATIONS

Douleurs articulaires et musculaires · Manque d'énergie · Excès de cholestérol · Gingivite · Problème de mâchoires
Constipation · Vieillissement cellulaire

Goûts (*rasas*) : sucré et amer
Qualités (*gunas*) : lourd, lubrifiant et froid
Constitutions (*doshas*) : diminue vata et pitta ; peut augmenter kapha

PRÉSENTATION

Le nom botanique de cette plante est ***Asparagus racemosus*** (« asperge sauvage »). Le mot sanskrit ***shatavari*** tire son étymologie de ***shat*** (« centaine ») et ***vari*** qui signifierait « maris » ou « racines », c'est dire les bienfaits de cette plante utilisée de longue date en ayurvéda.

PROPRIÉTÉS ET BIENFAITS POUR LA SANTÉ

Le shatavari est employé traditionnellement pour renforcer le système reproducteur de la femme. C'est un excellent tonique qui favorise la fécondité. Il accompagne les femmes depuis les premiers signes pubertaires jusqu'à la fin de la vie (menstruations, ovulation, fertilité, grossesse, accouchement, allaitement, bouffées de chaleur, irritabilité, sécheresse post-ménopause, petites pertes de mémoire). Il réduit le risque de fausse couche. C'est un régulateur hormonal.
Le shatavari peut également être utilisé par les hommes, mais dans une moindre mesure. Il améliore la qualité du sperme.
C'est aussi un tonique digestif pour les natures ***pitta***. Il apaise les muqueuses digestives et réduit les inflammations. C'est un lubrifiant. Il humidifie, lubrifie et fortifie les poumons.
Il a des propriétés hydratantes et rafraîchissantes.
Le shatavari augmente l'***ojas*** du corps (la lumière et l'immunité). C'est un bon antioxydant.
Il calme, apaise et fortifie le système nerveux et le cerveau. Le shatavari comporte des phyto-œstrogènes.

UTILISATIONS

Petites recettes médicinales :

Le shatavari est vendu sous forme de poudre, de capsules et de crème.

· Par voie orale, la poudre de shatavari peut se prendre avec un peu de lait tiède et de miel ou avec le ***kesaria dudh*** (voir recette, p. 206) ; pour les capsules, se conformer aux indications du fabricant ou praticien.

· En usage externe, la crème de shatavari a des propriétés hydratantes et rafraîchissantes.

INDICATIONS

Tonique féminin · Ménopause · Faiblesse nerveuse · Vieillissement cellulaire

Shatavari

Nom sanskrit : *Shatavari*

Tournesol

Nom sanskrit : *Surya mukhi*

Goûts (*rasas*) : doux et astringent
Qualités (*gunas*) : rafraîchissant et neutre
Constitutions (*doshas*) : tridoshique, pacifie les 3 doshas

PRÉSENTATION

Le tournesol est une grande plante annuelle, dont la fleur jaune, de grandes dimensions, a la particularité de suivre la course du soleil. Les graines se trouvent au centre de la fleur.

PROPRIÉTÉS ET BIENFAITS POUR LA SANTÉ

Les graines de tournesol ont des propriétés laxatives. Elles lubrifient les intestins et sont efficaces en cas de constipation. Elles sont anti-inflammatoires.

De par les acides gras qu'elles contiennent, les graines contribuent à une meilleure santé cardiovasculaire. En outre, elles protégeraient des calculs rénaux.

L'huile de tournesol est très utilisée en cuisine. Elle est particulièrement adaptée aux constitutions *pitta*. La fleur étant constamment tournée vers le soleil, elle capte beaucoup d'énergie solaire, grâce à ses capacités et qualités rafraîchissantes.

L'huile est également employée pour les massages et dans la fabrication de cosmétiques. C'est un puissant antioxydant, qui neutralise les radicaux libres responsables de l'inflammation et du vieillissement. Elle n'a qu'un petit défaut : elle rancit assez facilement.

UTILISATIONS

En cuisine :

· **Une bonne utilisation des graines de tournesol :** faire une salade de carottes râpées avec du jus de citron, de la ciboulette, de l'huile d'olive, du sel et des graines de tournesol. Laisser mariner au moins 10 minutes. C'est une excellente recette pour la santé.

Voir également dans cet ouvrage :

Potage au yaourt et à la farine de pois chiches (*Kadhi*), p. 170
Salade exotique, p. 186
Salade de graines germées, p. 188

INDICATIONS

Constipation · Baisse d'énergie · Vieillissement cellulaire

Trikatu

Nom sanskrit : *Trikatu*

Goûts (*rasas*) : piquant
Qualités (*gunas*) : chaud, léger et sec
Constitutions (*doshas*) : équilibre kapha, peut augmenter pitta, aggrave vata si pris en excès

PRÉSENTATION

Trikatu vient des termes sanskrits ***tri*** (« trois ») et ***katu*** (« piquant »). En effet, ce remède associe trois épices piquantes : le gingembre, le poivre noir et le poivre long (***pippali***).

Le trikatu est une préparation légendaire de l'ayurvéda. Il est très complémentaire du triphala (voir ci-contre), car il agit sur la partie supérieure du système digestif et le triphala, sur la partie inférieure.

PROPRIÉTÉS ET BIENFAITS POUR LA SANTÉ

Le trikatu stimule le Feu digestif, ce qui permet une bonne assimilation des nutriments. Il brûle l'excès de toxines et réveille la digestion. C'est un stimulant très puissant qui booste l'immunité du corps en neutralisant les déchets.

Le trikatu agit de façon holistique, il prend en compte la totalité de l'invividu. Il revigore les poumons et dégage les voies respiratoires en éliminant le mucus (asthme, bronchite, toux, rhume, respiration difficile pour les fumeurs par exemple). Il équilibre la circulation sanguine (mains et pieds froids, varices). Il améliore le métabolisme et favorise la perte de poids.

Enfin, le trikatu est un bon allié en période hivernale, car c'est à la fois un antiviral, un expectorant et un anti-inflammatoire. Il est également utile en cas de fibromyalgie, maladie définie par des douleurs s'accompagnant de fatigue et de sensations de lourdeurs.

UTILISATIONS

Le trikatu est disponible en gélules. Pour la posologie, se conformer aux indications du fabricant ou du praticien.

À savoir : si le gingembre et le poivre interviennent dans de nombreux plats, le poivre long est plus rare dans nos cuisines. Il a une forme de chaton oblong regroupant de minuscules grains (voir photo p. 100). Le poivre long a des propriétés immunostimulantes et une grande capacité d'absorption des nutriments.

INDICATIONS

Déséquilibre de la partie haute du corps, au-dessus du diaphragme, le siège de kapha · Faiblesse pulmonaire · Faiblesse du système immunitaire · Obésité (perte de poids)

Triphala

Nom sanskrit : *Triphala*

Goûts (*rasas*) : astringent et acide dominants mais contient tous les goûts sauf le salé
Qualités (*gunas*) : léger et sec
Constitutions (*doshas*) : tridoshique (apaise les 3 doshas)

PRÉSENTATION

Le triphala est un mélange à parts égales de trois fruits d'une grande valeur. Ceux-ci proviennent de trois grands arbres : l'haritaki (***Terminalia chebula***), le bibhitaki (***Terminalia belerica***) et l'amalaki (***amla***, voir p. 116).

PROPRIÉTÉS ET BIENFAITS POUR LA SANTÉ

Le triphala est l'un des remèdes les plus utilisés dans la pharmacopée ayurvédique. Pris à petites doses, il agit comme un laxatif et, en plus grande quantité, comme un purgatif.

Il détoxifie le système digestif et possède des vertus réjuvénantes. C'est un allié efficace pour traiter les hémorroïdes qui saignent, son effet légèrement laxatif activant la guérison de ces dernières.

La composition de ce trio de fruits a aussi d'autres bienfaits : on l'emploie comme tonique du système nerveux. C'est un bon produit pour améliorer la santé des yeux et de la peau. Il aurait un rôle dans la prévention du diabète. Il renforce le fonctionnement des cinq sens et serait légèrement aphrodisiaque.

Le triphala un anti-inflammatoire et un analgésique naturels qui ciblent les zones du corps en état de faiblesse. C'est un antioxydant notoire.

UTILISATIONS

Petites recettes médicinales :

Le triphala est vendu sous forme de poudre et de capsules.

Usage interne

· **Poudre ou capsules :** à prendre en cas d'hémorroïdes, de problèmes d'yeux, de constipation chronique.

· **Pour un nettoyage doux du côlon :** faire infuser ½ cuil. à café de poudre de triphala dans 1 demi-verre d'eau chaude. À prendre le soir avant d'aller dormir. C'est un bon laxatif naturel qui élimine aussi les toxines quotidiennes.

Usage externe

· **Bain d'œil :** pour réduire la pression oculaire, faire une infusion avec du triphala et du réglisse en quantités égales. Laisser refroidir. Tremper un coton et verser un peu de liquide, goutte à goutte, dans le creux de l'œil.

Autres usages : Le triphala entre dans la composition de certaines huiles et du ***kajal*** (khôl) pour les yeux.

En Inde, on prescrit le « triphala ghrita » à base de ghee et de triphala pour les yeux (par voie interne) et le « triphala taila » pour le massage de la tête.

INDICATIONS

Constipation · Santé des yeux · Tonique nerveux · Détoxification

Tulṣi

Nom sanskrit : *Tulasi*

Goûts (*rasas*) : piquant et amer
Qualités (*gunas*) : léger, sec et chaud
Constitutions (*doshas*) : réduit kapha et vata
Nature : sattvique

PRÉSENTATION

Le tulsi est une petite plante annuelle, autrement appelée « basilic sacré », car elle est réputée purifier l'atmosphère et éloigner les énergies négatives. Ses bienfaits purifiants s'exercent également sur l'organisme humain.

PROPRIÉTÉS ET BIENFAITS POUR LA SANTÉ

L'usage du tulsi est très répandu pour ses propriétés antitoxiques et antimicrobiennes. C'est également un anti-inflammatoire et un analgésique naturels. Il renforce le système immunitaire.

C'est un très bon expectorant utilisé pour soulager divers problèmes respiratoires : toux, refroidissement, fièvre.

Il est doté de propriétés apéritives et digestives.

Il est aussi diurétique et préconisé dans les cas de cystites.

UTILISATIONS

Petites recettes médicinales :

Le tulsi est vendu sous forme de feuilles, de sirop et de poudre.

· **Feuilles :**

- En infusion, elles sont utiles en cas de refroidissement. La même infusion permet également de bien dormir.
- On peut aussi se servir des feuilles pour faire des inhalations.

· **Sirop :** il apaise la toux, la bronchite et l'asthme.

· **Poudre :**

- En usage externe, un peu de poudre de tulsi mélangée à du curcuma apaise les irritations allergiques de la peau et les démangeaisons dues aux piqûres d'insectes ou d'araignées.
- Elle entre dans la composition de préparations ayurvédiques de toxicologie.

INDICATIONS

Toux · Fièvre · Purification de soi ou de l'atmosphère

Cuisine

L’ayurvéda en cuisine

Que cette nourriture me procure énergie et vigueur,
me garde en bonne santé et me permette de vivre longtemps.
Que cette nourriture m’apporte l’équilibre des doshas.
Je suis plein de gratitude envers ma mère la terre, envers l’eau,
le soleil, le vent pour m’offrir cette nourriture.
Je remercie celui qui l’a produite par son labeur
et celui qui l’a préparée avec amour.

Techniques de base

Ce chapitre est à lire très attentivement,
car il comporte des préparations qui constituent
la base de certaines recettes de cet ouvrage.

Préparer le vaghar

Le vaghar est l'un des fondements de la cuisine indienne. C'est un *samskara*, mot indien qui signifie « donner la culture » à l'aliment, le « civiliser », lui « apporter plus de subtilité ». Les épices revenues dans le ghee (beurre clarifié) ou l'huile améliorent le caractère de la nourriture à laquelle elles sont incorporées, en y mêlant leurs propres vertus. Elles peuvent rehausser, équilibrer ou éliminer un goût ou une propriété des composants du plat à préparer. C'est une réaction alchimique. On ajoute des intentions d'amour et de tendresse pour les personnes qui vont consommer cette nourriture.

Préparation : 1 min | Cuisson : 30 s

INGRÉDIENTS

Huile ou ghee · Épices (variables pour chaque recette)

- Le vaghar se prépare de préférence avec de l'huile pour les légumes et les légumineuses, et avec du ghee (voir ci-contre) pour les céréales, surtout le riz.
- Pour cela, faites revenir les graines (moutarde, cumin, ou autres) dans l'huile ou le ghee chauds jusqu'à ce qu'elles commencent à crépiter et dorer légèrement, libérant ainsi leurs parfums et leurs propriétés ; ce qui prend très peu de temps, guère plus de 30 s.
- **Conseils** : pour les légumineuses, on réalise le vaghar à part, puis on l'intègre au plat après cuisson. Pour les légumes, on prépare le vaghar et on l'incorpore directement à la préparation. Pour le riz et les autres céréales, on ne fait généralement pas de vaghar.

Préparer le ghee

C'est le beurre clarifié des Indiens. Ils utilisent très peu le beurre, moins bon pour la santé et plus difficile à conserver en climat chaud. Les vertus du ghee sont unanimement reconnues en Inde. De plus, il ne brunit pas comme le beurre lorsqu'on le fait chauffer. Une fois débarrassé de ses produits lactés (lactose, mauvais cholestérol), le beurre transformé en ghee devient de l'or.

POUR 1 KG DE GHEE

Préparation : 30 à 40 min

INGRÉDIENTS

1 kg de beurre de bonne qualité

À SAVOIR

Au début du XXe siècle, on conservait le beurre de la même façon dans les campagnes françaises. Les familles préparaient du beurre clarifié et le stockaient dans de grandes cruches en terre.

- Dans une casserole à fond épais, faites fondre le beurre à feu très doux jusqu'à ce qu'il devienne translucide. Une écume surnage très vite, retirez-la au fur et à mesure. Lorsque le liquide est limpide, le ghee est prêt. Cela prend environ 30 min. Retirez du feu.
- Filtrez aussitôt le mélange à travers une passoire très fine (chinois) ou un filtre à café pour éliminer les derniers résidus blanchâtres restés au fond de la casserole. Transvasez le ghee dans un bocal. Il se conserve sans réfrigération avant ouverture pendant au moins 1 an.

- **Conseils :** en ce qui concerne les recettes de cet ouvrage, sachez que le ghee est surtout utilisé pour les riz, le khitchedi (voir p. 162). Une cuillerée à café de ghee sur le riz au moment de servir apporte mille vertus et un si bon goût !
- Sinon, il sert à confectionner le vaghar (voir ci-contre). Vous pouvez en consommer plus que le beurre, sans inconvénient pour la santé.

Faire germer les graines

Les graines germées sont des aliments vivants et débordant d'énergie, particulièrement indiqués pour les végétariens et pour les citadins.

POUR 1 CUIL. À SOUPE DE GRAINES

Préparation : 10 min | Trempage : 12 h

Gemination : 2 à 7 jours

INGRÉDIENTS

1 cuil. à soupe de graines de votre choix (radis, soja, alfalfa, etc.)

- Dans un bocal ou un germoir, mettez la cuillerée à soupe de graines dans trois fois son volume d'eau. Laissez-les tremper ainsi pendant 12 h.
- Le lendemain, égouttez les graines, rincez-les à l'eau claire deux fois par jour, en les maintenant légèrement humides dans le bocal.
- Installez le bocal dans un lieu tempéré (20 °C). Les graines doivent toujours être humides sans stagner dans l'eau. Rincez-les deux fois par jour, jusqu'à ce qu'elles atteignent leur maturité (voir Conseils).
- Ensuite, vous pourrez les incorporer crues dans vos salades ou autres préparations.

- **Conseils :** Le temps de germination est très variable, car il dépend de la graine, de la saison et de la chaleur. Voici quelques durées moyennes. Certaines graines germent rapidement : soja (2 jours) ; fenugrec, pois chiches, tournesol (3 jours) ; lentilles (2 à 3 jours) ; blé (4 jours). D'autres ont besoin de plus de temps : azuki (4 jours) ; radis, moutarde (5 jours) ; alfalfa (7 jours).

Chutney de graines germées

Voici une façon simple de consommer des légumineuses, sans cuisson et donc très rapide. C'est une sorte de pâte végétale qui remplace la viande.

POUR 4 PERSONNES
Préparation : 10 min

INGRÉDIENTS

50 g de soja vert, germé

50 g de lentilles vertes, germées

50 g de pois chiches, germés

50 g de blé, germé

1 yaourt au lait entier, nature

1 cuil. à soupe de sauce shoyu

1 cuil. à soupe de jus de citron

1 cuil. à soupe de gomasio

2 cuil. à soupe d'huile d'olive

Ciboulette pour décorer

- Quelques jours avant, faites germer les graines comme indiqué ci-contre.
- Réunissez l'ensemble des ingrédients dans un mixeur et faites fonctionner l'appareil jusqu'à les réduire en pâte. Décorez avec de la ciboulette finement coupée. Sinon, il sert à confectionner le vaghar (voir p. 148). Vous pouvez en consommer plus que le beurre, sans inconvénient pour la santé.

À SAVOIR

Un mélange de graines qui contient beaucoup de protéines, d'acides aminés et de vitamines faciles à digérer, à assimiler et qui regorge d'énergie.

Plats chauds

Plats | Bouillons | Potages

Soja ayurvédique

Ce plat extrêmement bénéfique pour la santé est préconisé pendant les cures ayurvédiques ou comme reprise alimentaire après une cure de raisin ou un jeûne. Il est l'une des préparations les plus consommées au monde.

POUR 4 PERSONNES

Préparation : 15 min | Trempage : 12 h
Cuisson : 40 min

INGRÉDIENTS

- 150 g de soja vert, biologique
- 1 cuil. à café de curcuma en poudre
- Le jus de 1 citron
- Quelques feuilles de coriandre fraîche
- Sel marin ou de l'Himalaya

VAGHAR

- 2 cuil. à soupe d'huile de sésame
- 1 cuil. à café de graines de cumin
- 1 cuil. à soupe de gingembre frais, râpé
- 5 gousses d'ail, pilées
- Quelques feuilles de curry

- La veille, faites tremper le soja vert dans quatre fois son volume d'eau froide pendant 12 h. Le soja va gonfler. Le lendemain, jetez l'eau de trempage et rincez le soja encore deux fois.
- Faites cuire ensuite le soja dans quatre fois son volume d'eau froide, avec le curcuma et du sel. Pendant la cuisson du soja, préparez le vaghar (voir techniques de base, p. 148). Quand le soja est bien cuit (comptez environ 30 min), incorporez-lui le vaghar. Laissez mijoter l'ensemble quelques minutes de plus et stoppez la cuisson. Parfumez le plat avec le jus de citron et de la coriandre fraîche.

INDICATIONS

Très grande digestibilité. Renforce les défenses immunitaires.En Inde, c'est une préparation courante pour perdre du poids. En effet, le goût astringent du soja, composé des éléments Air et Éther, et son absence de graisse en font une sorte de panacée pour la perte de poids. On l'associe alors en monodiète aux fruits et légumes. C'est un plat riche en vitamines, sels minéraux, oligoéléments et acides aminés essentiels ainsi qu'en fibres. Il est reminéralisant, reconstituant et bénéfique pour les cheveux et les ongles par sa richesse en phyto-œstrogènes. Il est particulièrement indiqué aux femmes à partir de la préménopause. Préventif du cancer.

Le mung dal est un soja vert qui a été concassé et dont la peau a été enlevée. C'est une légumineuse très nutritive et utilisée au quotidien en Inde. À défaut, on peut le remplacer par des lentilles corail.

POUR 4 PERSONNES

Préparation : 15 min | Cuisson : 20 à 40 min

INGRÉDIENTS

- 200 g de mung dal ou de lentilles corail
- 1 tomate moyenne
- 1 cuil. à café de gingembre frais, haché
- 1 cuil. à café de curcuma en poudre
- Piment rouge (facultatif)
- 3 cuil. à soupe de jus de citron
- 2 cuil. à café de mélasse
- 10 feuilles de coriandre fraîche
- Sel

VAGHAR

- 2 cuil. à soupe d'huile de sésame
- ¼ de cuil. à café de graines de fenugrec
- 2 cuil. à café rases de graines de moutarde
- 1 pincée d'assa-fœtida
- 1 piment (facultatif)

INDICATIONS

Voici l'exemple d'un plat qui comporte les 6 goûts de l'ayurvéda. Il est très équilibré, facile à digérer et nutritif.

- Rincez le mung dal ou les lentilles corail à l'eau chaude, puis faites-les cuire. Deux options s'offrent à vous : soit à grand feu, dans 2 litres d'eau, pendant 30 min ; soit dans un autocuiseur, pendant 10 min, dans environ trois fois leur volume d'eau.
- Lorsque le mung dal est cuit, ajoutez-y la tomate pelée et émincée, du sel, le curcuma, le gingembre et le piment si vous souhaitez en mettre. Laissez mijoter 10 min. Ajoutez de l'eau si nécessaire et remuez de temps à autre.
- Réalisez le vaghar (voir techniques de base, p. 148) avec l'huile de sésame, le fenugrec, les graines de moutarde, l'assa-fœtida et éventuellement aussi le piment. Lorsque le vaghar est bien chaud, incorporez-le au dal. Complétez avec le jus de citron et la mélasse.
- Servez et disposez les feuilles de coriandre sur chaque assiette.

- **Conseil** : si vous n'utilisez pas d'autocuiseur lors de la cuisson, vous devrez écumer le dal au fur et à mesure que la mousse se forme, il sera plus léger et son goût sera encore plus subtil.

Mung dal aux 6 goûts

Aubergines au fenugrec

Ringan methi shak

Originaire du Tamil Nadu, c'est un potage léger et épicé qui se prend soit en apéritif, soit en digestif, soit en accompagnement du riz.

POUR 4 PERSONNES

Préparation : 15 min | Trempage : 12 h
Germination : 3 jours | Cuisson : 20 min

INGRÉDIENTS

- 2 aubergines moyennes
- 70 g de fenugrec, germé
- 1 cuil. à café de curcuma en poudre
- 1 cuil. à café de jus de citron
- Quelques brins de coriandre
- Sel, poivre noir

VAGHAR

- 4 cuil. à soupe d'huile de sésame
- ½ cuil. à café de graines de moutarde
- 4 gousses d'ail
- 1 morceau de gingembre frais (30 g)

- Trois jours avant, faites germer le fenugrec comme indiqué dans la technique de base, p. 150. Mettez les graines dans un bocal et recouvrez-les largement d'eau. Laissez-les tremper ainsi pendant 12 h.
- Le lendemain, égouttez les graines et rincez-les. Répétez l'opération encore trois fois, jusqu'à ce que les germes atteignent presque 1 cm.
- Le jour même, lavez et équeutez les aubergines. Coupez la chair en cubes. Préparez le vaghar : faites chauffer l'huile de sésame, ajoutez-y les graines de moutarde. Lorsqu'elles éclatent, ajoutez l'ail et le gingembre pilés et ensuite les aubergines, le fenugrec germé, puis du sel et le curcuma. Remuez et faites revenir l'ensemble pendant 2 à 3 min. Couvrez, réduisez le feu au minimum et laissez cuire doucement, en mélangeant de temps à autre.
- Au moment de servir, poivrez, ajoutez quelques brins de coriandre et un filet de jus de citron.

INDICATIONS

Cette recette permet de bénéficier de toutes les propriétés digestives du fenugrec.

Cette épice est contre-indiquée aux femmes enceintes.

Le tapioca est une fécule obtenue à partir des racines du manioc. Il peut entrer dans toutes sortes de préparations.

POUR 4 PERSONNES

Préparation : 15 min | Trempage : 1 h
Cuisson : 25 min

INGRÉDIENTS

- 200 g de tapioca
- 2 pommes de terre moyennes
- 2 piments oiseau
- Un petit morceau de gingembre frais, râpé
- 2 cuil. à café de graines de cumin
- 2 cuil. à soupe d'huile de sésame
- Quelques feuilles de coriandre
- Sel

- Rincez le tapioca. Recouvrez-le d'eau et laissez-le tremper pendant 1 h, jusqu'à ce que l'eau soit absorbée et que le tapioca devienne translucide.
- Préparez le vaghar avec l'huile de sésame, le cumin, les piments entiers et le gingembre (voir techniques de base, p. 148). Ajoutez-y les pommes de terre pelées et coupées en petits morceaux. Laissez cuire l'ensemble à feu doux pendant 10 min.
- À mi-cuisson, ajoutez le tapioca égoutté et un grand verre d'eau (20 cl). Rapidement, vous observerez que la préparation prend un aspect gélatineux. C'est normal. Ajustez l'eau et remettez sur le feu jusqu'à ce que les graines soient cuites (comptez environ 15 min). Salez à votre convenance.
- Décorez de quelques feuilles de coriandre avant de servir.

INDICATIONS

Très léger à digérer. C'est un excellent régulateur du transit intestinal.
L'amidon de la céréale entraîne un nettoyage des intestins et une bonne élimination.
Il est riche en calcium et vitamine C.
Conseillé pour les personnes allergiques au gluten.
En Inde, on interrompt souvent un jeûne avec cet aliment.

Tapioca

Sabudana

Riz aux lentilles

Khitchedi

Le khitchedi est un mélange de riz concassé, de légumineuses et d'épices, généralement servi avec le kadhi (voir recette et photo p. 170-171). C'est une recette de longue vie, très digeste. C'est le plat typique du soir dans l'État du Gujarat, en Inde.

POUR 4 PERSONNES

Préparation : 10 min | Cuisson : 20 à 30 min

INGRÉDIENTS

200 g de riz basmati (si possible concassé)

100 g de mung dal ou de lentilles corail

½ cuil. à café de curcuma en poudre

12 grains de poivre noir, entiers

2 cuil. à soupe de ghee (voir techniques de base, p. 149)

Sel

INDICATIONS

En Inde, on sert le khitchedi aux enfants, aux personnes âgées, aux malades et aux convalescents de même qu'aux personnes ayant des troubles digestifs chroniques.

- Dans une casserole, faites chauffer ensemble le riz et le dal à sec pendant 1 à 2 min, en remuant. Lorsque le mélange dégage son parfum, ajoutez-y de l'eau (quatre fois le volume du mélange riz + dal), 1 grosse pincée de sel, le curcuma et les grains de poivre. Couvrez et faites cuire à feu moyen. Le khitchedi est prêt lorsque l'eau est absorbée. Comptez en tout de 20 à 30 min de cuisson.
- Au moment de servir, ajoutez le ghee et mélangez soigneusement. Ce plat est à la fois nourrissant et très léger à digérer.
- **Conseil :** si vous désirez obtenir un khitchedi plus liquide, mettez cinq fois le volume d'eau et faites cuire à feu doux. Il sera encore plus digeste.
- **Variante :** pour un khitchedi plus riche, pouvant être consommé en plat unique, ajoutez des légumes finement coupés (carottes, haricots, oignons, petits pois, etc.). Dans ce cas, il faut bien sûr augmenter la quantité de ghee et ajouter un verre d'eau (15 cl).

Riz au curcuma

Le riz basmati est un riz fin et parfumé qui pousse sur les contreforts de l'Himalaya.

POUR 4 PERSONNES

Préparation : 5 min | Trempage : 15 min
Cuisson : 30 min

INGRÉDIENTS

200 g de riz basmati blanc

1 cuil. à café de curcuma en poudre

1 cuil. à soupe d'huile d'olive

10 grains de poivre, entiers

½ cuil. à café de sel

- Rincez le riz deux fois à l'eau froide, puis laissez-le tremper au minimum 15 min dans une fois et demie son volume d'eau avec le curcuma, les grains de poivre et le sel.
- Faites cuire le riz à feu doux jusqu'à absorption totale de l'eau. À la fin de la cuisson, ajoutez l'huile d'olive et laissez reposer 5 min avant de servir chaud.

- **Conseil :** vous pouvez accompagner ce riz de morceaux de *panir* (voir p. 182).

INDICATIONS

Cette recette est nutritive, facile à digérer et très sattvique. Elle contient deux épices aux multiples propriétés pour la santé. Le poivre permet une bonne assimilation du curcuma..

C'est une galette au soja saine et nutritive. Elle s'accompagne d'un atchar, d'un chutney ou d'un plat de légumes. C'est un plat facile à réaliser et économique. Les Indiens, qui apprécient les mélanges sucrés-salés, l'accompagnent d'un murabba (confiture de mangues vertes). On la sert aussi parfois avec le tchai.

POUR 4 PERSONNES

Préparation : 15 min | Trempage : 12 h
Cuisson : 24 min

INGRÉDIENTS

200 g de soja vert, entier

2 piments verts (facultatif)

2 cuil. à soupe de gingembre frais, râpé

1 cuil. à soupe de graines de sésame

3 ou 4 tiges de coriandre fraîche

Huile d'olive ou de sésame (pour la cuisson)

Sel

- La veille, faites tremper le soja vert dans quatre ou cinq fois son volume d'eau pendant 12 h. Le soja va gonfler. Le lendemain, jetez l'eau de trempage et rincez le soja encore deux fois.
- Mixez le soja avec un verre et demi d'eau (env. 30 cl), les piments verts hachés si vous souhaitez en mettre, le gingembre et du sel. Coupez finement les tiges de coriandre et ajoutez-les à la pâte obtenue ainsi que les graines de sésame.
- Faites chauffer ½ cuil. à café d'huile dans une poêle. Versez une louche de pâte et faites cuire 3 min de chaque côté. Renouvelez l'opération pour les 3 autres galettes, en mettant à chaque fois ½ cuil. à café d'huile dans la poêle.

INDICATIONS

Fraîche, nutritive, la galette de soja est une excellente alternative à la galette de blé, particulièrement pour les personnes allergiques au gluten. C'est une source excellente de protéines végétales, sans augmentation des calories.

Galette au soja

Mag na pudla

Bouillon Épicé

Nom sanskrit : *Rasam*

Originaire du Tamil Nadu, c'est un potage léger et épicé qui se prend soit en apéritif, soit en digestif, soit en accompagnement du riz.

POUR 4 PERSONNES

Préparation : 15 min | Cuisson : 1 h

INGRÉDIENTS

40 g de *toor dal* (lentilles indiennes cassées)

2 tomates moyennes

1 cuil. à café de curcuma en poudre

Le jus de ½ citron jaune ou 10 à 20 g de pâte de tamarin (facultatif)

3 cuil. à soupe de lait de coco

Quelques feuilles de coriandre fraîche

Sel

VAGHAR

3 cuil. à soupe d'huile de sésame

1 cuil. à soupe rase de graines de cumin

Une vingtaine de feuilles de curry

1 cuil. à café de piment, finement haché

½ cuil. à café d'assa-fœtida

6 gousses d'ail, finement hachées

3 cuil. à café de gingembre frais, finement haché

- Préparez d'abord le vaghar comme indiqué dans la technique de base, p. 148.
- Versez le toor dal dans 2 litres d'eau bouillante. Ajoutez du sel et le curcuma. Laissez cuire environ 45 min, jusqu'à ce que les lentilles soient en partie fondues. Ensuite, ajoutez les tomates pelées et coupées en petits morceaux, et le vaghar. Laissez mijoter à couvert pendant encore 15 min.
- En fin de cuisson, ajoutez le jus de citron (ou le tamarin dilué dans un peu d'eau bouillante), le lait de coco ainsi que les feuilles de coriandre. Servez bien chaud.

INDICATIONS

Le parfum de ce potage épicé qui comporte les 6 goûts de l'ayurvéda est tout simplement délicieux. Il réchauffe le cœur et le système digestif. Il ouvre le passage nasal et calme les gorges irritées. C'est une aide en cas de constipation et de digestion difficile. Chaud et parfumé, il nous rend zen.

Bouillon au gingembre et à la coriandre frais

Ce bouillon simple, parfumé et goûteux est particulièrement conseillé en hiver.

POUR 4 PERSONNES
Préparation : 15 min | Cuisson : 15 min

INGRÉDIENTS

1 carotte moyenne

4 champignons de Paris

20 g de gingembre frais
(environ 2 petits morceaux)

½ bouquet de coriandre fraîche

Le jus de 1 citron vert

Sel

- À l'aide d'un couteau économe, coupez de fines tranches de carotte et de gingembre. Émincez finement les champignons.
- Faites bouillir carotte et gingembre dans 1 litre d'eau, jusqu'à ce que le gingembre soit tendre. N'ajoutez les champignons qu'à mi-cuisson (ils cuisent plus vite). Salez en fin de cuisson.
- Coupez le feu. Ajoutez les feuilles de coriandre et le jus de citron vert au moment de servir. Ce bouillon doit être dégusté bien chaud.

INDICATIONS

Ce bouillon est particulièrement indiqué en cas de refroidissement, de grippe ou de baisse de tonus. Il redonne de l'énergie.

Bouillon de riz

Manda

Ce bouillon est particulièrement conseillé pour les personnes ayant des soucis digestifs importants et ne pouvant momentanément digérer des plats solides. Il met le système digestif au repos et nettoie les canaux subtils, ainsi que le foie et la vésicule biliaire.

POUR 2 PORTIONS

Préparation : 10 min | Cuisson : 30 min

INGRÉDIENTS

100 g de riz semi-complet, bio

1 petit morceau de gingembre frais

¼ de cuil. à café de poivre

1 cuil. à café de graines de cumin

½ cuil. à café de curcuma en poudre

½ cuil. à café de sel de l'Himalaya

- Coupez le gingembre en rondelles. Dans une casserole, mettez à cuire tous les ingrédients avec 2 litres d'eau, excepté le curcuma.
- Une fois le riz bien cuit, récupérez uniquement l'eau de cuisson à l'aide d'une passoire. Ajoutez-y le curcuma. Remuez. Buvez ce breuvage chaud.
- **Conseil :** le riz peut être consommé par une personne en bonne santé.

INDICATIONS

Cette recette est excellente pour les problèmes d'intestins, d'estomac et, d'une façon générale, pour le système digestif. Elle agit d'une manière douce et naturelle, tout en donnant de l'énergie. En ayurvéda, c'est une recette traditionnelle prescrite à la fin d'un *panchakarma* (processus de désintoxication du corps). Elle vise à l'amélioration du Feu digestif (voir p.28).

Potage au yaourt et à la farine de pois chiches

Au premier plan : kadhi.
À l'arrière-plan : khitchedi.

Kadhi

Ce potage au yaourt et à la farine de pois chiches se sert en accompagnement du khitchedi (voir p. 162). C'est en général une composante du repas du soir. Il peut être servi également avec tous les légumes ; dans ce cas, on le rend plus onctueux en diminuant le volume d'eau de moitié.

POUR 4 PERSONNES

Préparation : 15 min | Cuisson : 15 min

INGRÉDIENTS

- 2 yaourts au lait entier, nature (= 1 volume)
- 3 cuil. à soupe rases de farine de pois chiches
- ½ cuil. à café rase de curcuma en poudre
- 1 cuil. à café bombée de gingembre frais, haché
- 4 gousses d'ail
- 1 cuil. à soupe de jus de citron
- 1 cuil. à café de sucre ou de mélasse (facultatif)
- Sel

VAGHAR

- 2 cuil. à soupe d'huile de sésame ou de tournesol
- ½ cuil. à café de graines de fenugrec
- 1 cuil. à café de graines de cumin
- 1 bâton de cannelle
- 4 clous de girofle
- Une dizaine de feuilles de curry
- frais, finement haché

- Dans un saladier, délayez la farine de pois chiches et le yaourt, en ajoutant quatre fois son volume d'eau. Mixez ou fouettez bien l'ensemble afin qu'il n'y ait pas de grumeaux. Ajoutez l'ail pelé et haché, le gingembre, le curcuma. Salez à votre convenance.

- Réalisez le vaghar : couvrez d'huile le fond d'une casserole et, lorsqu'elle est bien chaude, ajoutez les épices. Quand les graines crépitent, ajoutez le contenu du saladier. Remuez doucement à feu moyen. Dès que le mélange commence à frémir, réduisez le feu et remuez encore pendant 5 min. Retirez alors du feu et ajoutez le jus de citron et le sucre (ou la mélasse), selon la teneur de l'acidité du yaourt.

- **Conseils :** selon l'ayurvéda, le yaourt n'est pas indiqué au repas du soir. Mais on peut le consommer de cette façon, car la synergie de cette recette est très digeste. Vous pouvez ajouter au kadhi quelques jeunes pousses de fenugrec (voir techniques de base, p. 150) avec le mélange de yaourt.

INDICATIONS

Ce potage se boit aussi seul pour combattre les gros rhumes, les maux de tête et de gorge en hiver. Il permet d'éliminer les mucosités, décongestionne les voies respiratoires et apporte un grand soulagement.

Potage au petit-lait de panir

Lorsque l'on confectionne le panir, le lait se divise en petit-lait et fromage. Ne jetez surtout pas le petit-lait, il est excellent pour la santé. En voici une utilisation très savoureuse et appétissante.

POUR 4 PERSONNES

Préparation : 10 min | Cuisson : 15 min

INGRÉDIENTS

Le petit-lait provenant du panir (voir recette du panir pour 1 litre de lait, p. 182)

Coriandre fraîche

Sel

VAGHAR :

½ cuil. à café de ghee (voir techniques de base, p. 149)

½ cuil. à café de graines de cumin

1 cuil. à café d'ail pilé

1 piment rouge ou vert (facultatif)

- Préparez d'abord le vaghar : faites légèrement griller les graines de cumin dans le ghee, puis ajoutez l'ail pilé et le piment coupé finement si vous souhaitez en mettre. Lorsque le ghee est bien chaud, versez-le sur le petit-lait. Goûtez et salez à votre convenance.
- Juste avant de servir, ajoutez au potage quelques feuilles de coriandre.

INDICATIONS

Pour les personnes qui digèrent mal le lait, ce potage apporte les bienfaits du lait sans ses inconvénients. Léger et nutritif, il donne de l'énergie. La synergie des ingrédients augmente le taux de sérotonine, apaise et réduit le stress. Elle augmente les défenses immunitaires des personnes âgées.

Potage au brocoli

POUR 4 PERSONNES
Préparation : 10 min | Cuisson : 20 min

INGRÉDIENTS

- 1 gros brocoli
- 1 oignon
- 4 gousses d'ail
- 1 cuil. à soupe de ghee (voir techniques de base, p. 149)
- 1 cuil. à café de poudre rouge (voir p. 102)
- Sel

- Rincez le brocoli et coupez-le en petits morceaux. Pelez l'oignon et l'ail, coupez l'oignon en gros morceaux. Mettez le tout dans une casserole et recouvrez largement d'eau. Salez, portez à ébullition puis laissez cuire à feu doux pendant environ 15 min.
- Mixez et servez. Ajoutez un peu de ghee et de poudre rouge à la convenance de chacun, directement dans le bol.

INDICATIONS

Le brocoli est reconnu pour son action préventive du cancer. L'ail et l'oignon ont des vertus antioxydantes majeures. Le ghee est nourrissant et la poudre rouge apporte un agréable goût piquant qui favorise la digestion.

Préparations diverses

Chutney | Fromage | Salade | Mélange d'épices

Chutney de feuilles de coriandre

Ce chutney de coriandre et menthe fraîches accompagne agréablement les sandwichs, les beignets, les galettes, le dhokla (crêpe au dal, voir p. 184), le tofu et le riz nature. •

POUR 1 POT DE 250 G
Préparation : 15 min

INGRÉDIENTS

- 1 bouquet de coriandre fraîche, lavé
- 2 tiges de menthe fraîche, lavées
- 2 gousses d'ail
- 1 morceau de piment vert, lavé
- ½ cuil. à soupe de gingembre frais, râpé (10 g épluché)
- 1 cuil. à soupe de jus de citron
- 1 cuil. à soupe bombée de cacahuètes
- 1 cuil. à café de graines de cumin
- 1 cuil. à café de sucre de canne
- 1 cuil. à soupe d'huile d'olive
- Sel

• Mixez les cacahuètes, les graines de cumin et le sucre jusqu'à l'obtention d'une poudre très fine. Ajoutez-y ensuite tous les autres ingrédients, excepté l'huile d'olive (au besoin, versez 10 cl d'eau pour faciliter le mixage). Mixez bien le tout et mettez le chutney dans un pot, ajoutez l'huile d'olive par-dessus, sans mélanger. L'huile permet une bonne conservation. Placez au froid.

• **Conseils :** ce chutney se garde jusqu'à 3 ou 4 jours au réfrigérateur. Le piment en relève le goût mais il n'est pas obligatoire.

INDICATIONS

Cette préparation comporte les 6 goûts de l'ayurvéda. Agréable au palais, elle ouvre l'appétit et sécrète les sucs gastriques qui vont favoriser une bonne digestion. La combinaison des goûts forts (piment, ail, gingembre) et la fraîcheur de la coriandre et de la menthe décongestionnent le système respiratoire et fluidifient les liquides dans le corps.

Voici l'une des plus efficaces et des plus agréables recettes pour consommer du curcuma frais et bénéficier de ses vertus médicinales.

POUR 4 PERSONNES
Préparation : 20 min | Macération : 3 jours

INGRÉDIENTS

4 racines de curcuma frais (environ 100 g)

Le jus de 1 citron

1 cuil. à soupe d'huile de sésame

1 cuil. à café de poudre rouge (voir p.102)

½ cuil. à café de sel

- Épluchez les racines de curcuma, puis taillez-les très finement en petits bâtonnets dans leur longueur. Ajoutez tous les autres ingrédients. Laissez macérer le mélange dans un petit pot fermé, à température ambiante, pendant au moins 3 jours. Servez en accompagnement de vos repas.
- **Conseils :** cet atchar se garde jusqu'à 2 ou 3 semaines au réfrigérateur. Au besoin, ajoutez un peu de jus de citron.

- **variante :** vous pouvez aussi y ajouter de fines tranches de gingembre frais, également coupées en petits bâtonnets.

INDICATIONS

Voici une recette qui renforce le système immunitaire. Le curcuma est un puissant antioxydant. Il a des propriétés anti-inflammatoires. Il est donc recommandé en cas d'arthrose, de rhumatismes, de douleurs dorsales. Il est connu comme préventif du cancer et des maladies dégénératives. On peut en consommer un peu à chaque repas.

Atchar de curcuma

Atchar de mangues

Cet atchar accompagne à merveille les plats de riz ou le kitchedi.

POUR 1 POT DE 500 G

Préparation : 15 à 20 min | Macération : 24 h

INGRÉDIENTS

- 2 belles mangues vertes et fermes
- 1 cuil. à café de poudre de curcuma
- 2 cuil. à soupe de poudre rouge (voir p. 102)
- 1 cuil. à soupe rase de sel fin
- Huile de sésame

- Lavez et essuyez les mangues. Coupez les fruits en petits morceaux, avec leur peau. Mélangez bien tous les ingrédients et laissez macérer 1 journée.
- Remplissez un bocal en tassant bien, puis versez l'huile de sésame en filet jusqu'à ce que le mélange soit complètement recouvert. Fermez et conservez au réfrigérateur. Attendez au minimum 5 jours avant de consommer.

- **Conseils :** après ouverture du pot, cet atchar se conserve jusqu'à 1 mois. Utilisez une cuillère propre à chaque prélèvement. Pour une bonne conservation, faites en sorte que le mélange soit toujours recouvert d'un peu d'huile.

Boulettes au gingembre

Laddoudi

Préparation à base de mélasse, de ghee, de poudres de curcuma et de gingembre, présentée sous forme de boulettes.

POUR 4 BOULETTES
Préparation : 10 min | Cuisson : 5 min

INGRÉDIENTS

40 g de mélasse (*jaggery*), râpée

2 cuil. à soupe de ghee (voir techniques de base, p. 149)

1 cuil. à soupe de curcuma en poudre

1 cuil. à café de gingembre en poudre

- Dans une casserole à fond épais, faites fondre le ghee et la mélasse à feu très doux (attention, cela ne doit pas se transformer en caramel). Coupez le feu.

- Épicez le mélange avec les poudres de gingembre et de curcuma. Laissez refroidir 1 min (pas plus, sinon le mélange durcit) dans une assiette, puis confectionnez 4 boulettes d'une taille légèrement inférieure à une noix.

- **Conseils :** la mélasse est un extrait de canne à sucre solide.En hiver, les Indiens consomment une boulette tous les matins, à jeun, pendant 40 jours. Lorsque vous maîtriserez la recette, multipliez les quantités par dix et confectionnez 40 boulettes. Elles se conservent très bien, dans une boîte, à température ambiante, pendant 2 mois.

INDICATIONS

Cette préparation renforce le système immunitaire, protège des allergies, des rhumes, de la grippe et des bronchites.

Fromage

Panir

Le panir est le seul fromage de consommation courante en Inde. Il est toujours fait maison avec du lait frais. Si vous ne pouvez pas vous procurer du lait à la ferme, il vous faudra acheter du lait entier cru ou pasteurisé, bio. En Inde, on le prépare aussi avec du lait de bufflonne.

POUR 1 FROMAGE

Préparation : 10 min | Égouttage : 2 h environ

INGRÉDIENTS

1 litre de lait entier cru ou pasteurisé, biologique

Le jus de 2 citrons

- Dans une casserole, portez le lait à ébullition, puis baissez le feu et incorporez-lui le jus de citron en remuant. Cet ajout de citron va permettre de séparer le petit-lait du fromage. Continuez à remuer pendant quelques minutes, puis retirez du feu.
- Prenez une passoire suffisamment grande pour retenir le fromage et installez-la sur un saladier profond. Tapissez la passoire d'un linge et versez le tout dedans, laissez égoutter pendant plus ou moins longtemps, selon la consistance désirée (environ 2 h).
- Le fromage peut être émietté presque aussitôt, ou découpé en petits morceaux que l'on fait frire ou revenir dans une poêle. Il accompagne idéalement les plat de riz, d'épinards et d'autres légumes.

- **Conseils :** n'utilisez pas de lait stérilisé pour cette recette, cela ne marcherait pas. Ne jetez surtout pas le petit-lait. Il peut être consommé comme boisson en cas de troubles intestinaux. On peut aussi préparer un potage à base du petit-lait (voir recette, p. 172).

INDICATIONS

C'est un fromage fraîchement préparé, non salé, qui n'a pas besoin de maturation. Il est léger à digérer et surtout il ne fond pas pendant la cuisson. Il est très nourrissant pour les enfants.

Le dhokla est un gâteau salé et épicé que l'on coupe en petits losanges. Il est cuit à la vapeur et sa composition en fait une très bonne recette pour la santé.

POUR 4 PERSONNES

Préparation : 30 min | Trempage : 12 h
Fermentation : 24 h | Cuisson : 10 min

INGRÉDIENTS

200 g de riz basmati

50 g de *chana dal* (dal de pois chiches)

50 g d'*urad dal* (dal blanc aux lentilles)

1 cuil. à soupe de jus de citron pressé

½ cuil. à soupe de gingembre frais, râpé

1 cuil. à soupe de fenugrec préalablement trempé dans de l'eau

⅓ de cuil. à café de curcuma en poudre

½ cuil. à soupe d'ail écrasé (environ 3 gousses)

Un peu de piment (facultatif)

Quelques feuilles de coriandre fraîche

1 pincée de bicarbonate de soude

Huile de sésame crue

½ cuil. à café de sel

- La veille, rincez trois fois le mélange de riz et de légumineuses. Couvrez d'un bon volume d'eau puis laissez tremper, à température ambiante, pendant 12 h.
- Le lendemain, égouttez et mixez le mélange jusqu'à l'obtention d'une texture un peu grumeleuse. Ajoutez le jus de citron et laissez fermenter près d'une source de chaleur (près du four ou d'un radiateur par exemple), pendant 24 h. Le mélange va augmenter de volume. Ajoutez alors les épices, le sel et la coriandre ciselée. Mélangez bien.
- Badigeonnez le fond d'un petit plat à tarte avec un petit peu d'huile de sésame crue. Ajoutez le bicarbonate de soude à la préparation, mélangez, puis déposez-la dans le plat. Faites cuire à la vapeur pendant 10 min. Vérifiez la cuisson en piquant la pointe d'un couteau dans le gâteau. Si elle en ressort propre, il est cuit. Renouvelez cette préparation entre trois et cinq fois selon la taille du plat.
- Pour le service, coupez le dhokla en losanges. Dans l'assiette, ajoutez éventuellement 1 cuil. à soupe d'huile de sésame crue. Dégustez avec un chutney de feuilles de coriandre (voir p. 176) ou un thé indien aux épices (voir p. 226), comme cela se fait couramment en Inde.

INDICATIONS

Ce gâteau salé est très nutritif. Les épices et éléments qui l'accompagnent sont tous médicinaux. Bien qu'il soit cuit à la vapeur, son goût est extrêmement agréable.

Gâteau salé au riz et dal

Dhokla

Salade exotique

À mi-chemin entre l'Orient et l'Occident, cette salade fait partie de la cuisine créative familiale.

POUR 4 PERSONNES
Préparation : 25 min

INGRÉDIENTS

- ½ avocat moyen
- 1 tomate
- ⅓ de concombre
- Quelques cœurs de palmiers, de grosseur moyenne
- 6 champignons de Paris
- ¼ d'ananas moyen
- ½ grenade
- 1 échalote
- Quelques olives
- Quelques raisins secs
- Le jus de ½ pamplemousse rose
- 2 cuil. à soupe d'huile d'olive ou de noix
- Poudre rouge (voir p. 102)
- Quelques graines de sésame et de tournesol
- Quelques feuilles de menthe ou de basilic frais
- Sel

• Coupez les légumes en morceaux ainsi que les fruits. Ouvrez la grenade pour en récupérer les graines. Au mélange de fruits et légumes, ajoutez doucement l'échalote coupée finement, les olives, les raisins secs, le jus de pamplemousse, du sel, l'huile d'olive ou de noix et quelques pincées de poudre rouge.

• Décorez la salade avec des graines de sésame, de tournesol et quelques feuilles de menthe ou de basilic. Servez dans l'heure qui suit.

• **Conseil :** citronnez les champignons et le demi-avocat pour éviter qu'ils ne noircissent.

INDICATIONS

Cette salade est un véritable cocktail de vitamines, de minéraux, d'herbes fraîches et de graines antioxydantes.

La salade de graines germées est un véritable cocktail de santé, très riche en vitamines et excellent pour les végétariens.

POUR 4 PERSONNES

Préparation : 10 min | Trempage 12 h
Germination : 2 à 5 jours

INGRÉDIENTS

2 cuil. à soupe de graines de radis, germées

1 cuil. à soupe de graines de soja, germées

1 cuil. à soupe de graines de fenugrec, germees

1 cuil. à soupe de graines de tournesol, germées

Quelques brins de coriandre fraîche (facultatif)

SAUCE

3 échalotes, finement coupées

2 cuil. à soupe d'huile d'olive

Le jus de 1 citron

1 cuil. à soupe de sauce shoyu

1 cuil. à soupe de gomasio

• Commencez 5 jours avant en faisant germer les graines (voir techniques de base, p. 150) dans l'ordre suivant : d'abord les graines de radis, puis les graines de fenugrec et de soja et enfin les graines de tournesol. Prenez une poignée de chaque graine et mettez-la à tremper dans trois fois son volume d'eau pendant 12 h. Puis videz l'eau et rincez deux fois par jour. Comptez 5 jours de germination pour les graines de radis, 3 jours pour les graines de soja et de fenugrec, et 2 jours pour celles de tournesol. Les graines sont alors prêtes pour la consommation.

• Le jour même, confectionnez la sauce en mélangeant simplement tous les ingrédients et assaisonnez-en les graines germées. Parfumez éventuellement la salade avec quelques brins de coriandre fraîche.

• **Variantes :** Soyez créatif, faites vos propres mélanges en choisissant parmi les graines à germer suivantes : soja, fenugrec, blé, lentilles, pois chiches, tournesol, radis, alfalfa, moutarde, azuki (voir techniques de base, p. 150).

INDICATIONS

Très nutritive, la salade de graines germées regorge de vitamines et d'oligoéléments. Elle est très riche en protéines.
C'est l'aliment le plus « vivant » qui soit.
À consommer si possible quotidiennement, en petite quantité, avec ou sans sauce, et en mâchant longuement afin d'éviter les ballonnements.

Salade de graines germées

Mélange digestif

Hingvashtak churna

Ce mélange est très efficace en cas de problème de digestion. *Hing* signifie « assa-fœtida » et *ashtak* les « huit autres épices ». *Churna* signifie « poudre ». C'est une préparation traditionnelle de l'ayurvéda.

POUR 16 FOIS

Préparation : 15 min

INGRÉDIENTS

1 cuil. à café de grains de poivre noir

1 cuil. à café de poivre long

1 cuil. à café de graines de cumin

1 cuil. à café de graines de cumin noir (*kalanji*)

1 cuil. à café de thym indien (*ajwain*)

1 cuil. à café d'assa-fœtida

¾ de cuil. à soupe de ghee (voir techniques de base, p. 149)

1 cuil. à café de gingembre en poudre

½ cuil. à café de sel de l'Himalaya

- Dans une poêle, faites griller légèrement les 2 poivres, les 2 cumins et le thym indien, puis réduisez-les en poudre et versez la poudre dans un bol. Ajoutez-y le sel et le gingembre.

- Faites fondre le ghee dans une casserole. Dès qu'il est fondu, ajoutez-y l'assa-fœtida en mélangeant régulièrement. Arrêtez dès qu'un début de pâte se forme.

- Incorporez ce mélange aux épices moulues de façon homogène. Consommez ½ cuil. à café du mélange en début de repas avec un peu d'eau. (Il est normal que ce mélange soit très salé.)

INDICATIONS

Tous les éléments de cette recette se trouvent dans la cuisine des femmes indiennes. Il s'agit d'une recette médicinale « maison », très efficace pour les problèmes de digestion courants, simple à réaliser et sans effets secondaires. Elle élimine les gaz intestinaux, les coliques et les ballonnements. ***Ne pas consommer en cas d'ulcère à l'estomac.***

Ce mélange parfume agréablement l'haleine et facilite la digestion.

Préparation : 25 min | Séchage : 24 h
Cuisson : 25 min

INGRÉDIENTS

- 100 g de graines de fenouil
- 100 g de graines de sésame
- 100 g de graines de lin
- 100 g de graines de courge
- 40 g de thym indien (*ajwain*)

PUIS DANS CHAQUE BOL :

- 1 cuil. à soupe de jus de citron
- 1 cuil. à café de curcuma en poudre
- 1 cuil. à café de sel

- Prenez 5 petits bols : dans chacun d'eux, délayez le jus de citron avec le curcuma et le sel.
- Versez le contenu des bols dans 5 assiettes, puis mettez les graines séparément dans les assiettes : fenouil, sésame, lin, courge et thym indien. Étalez-les et aérez-les bien, puis laissez-les sécher à température ambiante pendant 24 h.
- Le lendemain, faites griller le contenu de chaque assiette séparément, à feu doux, dans une poêle, jusqu'à ce qu'elles brunissent (comptez 5 min). Tamisez les préparations pour éliminer les poussières dues à la cuisson.
- Mélangez soigneusement le tout. Dès que le mélange est complètement froid, transférez-le dans un bocal hermétique. Terminez les repas en mâchant soigneusement 1 cuil. à café de ce mélange digestif.

INDICATIONS

Ce mélange de graines nutritives et d'épices est apprécié à la fin de chaque repas dans les familles indiennes. La synergie entre les différentes graines favorise une excellente digestion. Ces graines contiennent beaucoup de vitamine E, qui ralentit le processus de vieillissement cellulaire.

Mélange digestif

Mukhavas

Mélange d'épices pour les maux d'hiver

Ullikkashayam

Préparation ayurvédique à base d'épices à prendre le soir, juste avant d'aller dormir.

POUR 1 PERSONNE
Préparation : 15 min

INGRÉDIENTS

2 pincées de poivre noir

1 cuil. à café de gingembre frais, râpé

1 gousse de cardamome entière

1 pointe de couteau de coriandre en poudre

1 pointe de couteau de cumin en poudre

¼ de cuil. à café de curcuma en poudre

1 pincée de cannelle en poudre

1 cuil. à soupe d'oignon, finement coupé

15 cl de lait

1 ou 2 pincées de sucre

• Réunissez tous les ingrédients, sauf le lait, dans une casserole et ajoutez le lait et autant d'eau. Mettez à chauffer à feu moyen jusqu'à ce que le mélange diminue de moitié. Filtrez et buvez chaud.

INDICATIONS

C'est une préparation ayurvédique pour les toux persistantes, les laryngites, la fièvre, la bronchite, l'asthme. Ce mélange d'épices renforce le système immunitaire.

Plats sucrés

Ce gâteau à la semoule est aussi appelé « halva » dans certaines régions de l'Inde. Il est souvent servi comme prasad (offrande) dans les temples. Il se déguste chaud, de préférence.

POUR 4 PERSONNES
Préparation : 10 min | Cuisson : 15 min

INGRÉDIENTS

- 150 g de semoule de blé fine
- 75 g de ghee ou de beurre
- 70 g de sucre
- 50 g de raisins secs
- 3 cuil. à soupe de noix de coco râpée
- 2 cuil. à café rases de cardamome moulue

- Dans une casserole, versez la semoule dans le ghee fondu et chaud. Mélangez constamment jusqu'à ce que la semoule commence à brunir. Versez alors, toujours en remuant, 50 cl d'eau préalablement bouillie. Après totale absorption de l'eau, remuez pendant 1 à 2 min, puis ajoutez les raisins secs, la noix de coco râpée et le sucre, sans cesser de mélanger. Ajoutez 1 cuil. à café de cardamome.
- Quand le sucre est absorbé, retirez la casserole du feu. Versez la préparation dans un petit plat à tarte (d'environ 20 cm de diamètre) et saupoudrez le dessus du shiro avec le reste de cardamome moulue. Dégustez le shiro tiède ou chaud.

INDICATIONS

Shiro signifie en sanskrit « tête, cerveau ». Ce délicieux dessert a la vertu de guérir les migraines chroniques et naissantes. Dans ce cas, il doit absolument être consommé chaud. Le shiro est conseillé aussi en cas d'acidité gastrique et en période de post-accouchement.

Gâteau à la semoule

Shiro

Gâteau au fenugrec

Methi pak

Ce gâteau possède des vertus tonifiantes pour affronter l'hiver.

POUR 1 CURE DE 10 JOURS
Préparation : 15 min | Cuisson : 20 à 30 min

INGRÉDIENTS

- 100 g de farine de blé T110
- 50 g de farine de pois chiches
- 150 g de ghee + 1 cuil. à soupe (voir techniques de base, p. 149)
- 100 g de mélasse (*jaggery*)
- 1 cuil. à soupe de graines de pavot
- 100 g de fenugrec en poudre
- 1 cuil. à café de gingembre en poudre

• Faites chauffer le ghee dans une casserole. Lorsqu'il est chaud, ajoutez-y les 2 farines et faites griller à feu doux, le temps que la couleur change et que le mélange devienne léger à remuer. Retirez alors du feu et ajoutez les graines de pavot, le fenugrec et le gingembre en poudre.

• Dans une autre casserole, faites fondre à feu doux la cuillerée à soupe de ghee et la mélasse. Dès que le mélange est fondu, incorporez-le rapidement à la préparation précédente. Étalez le tout dans une assiette que vous aurez préalablement beurrée (avec du ghee). Coupez rapidement des losanges (de la taille d'un calisson). Dès que les morceaux sont froids, placez-les dans une boîte hermétique, à température ambiante. Ils peuvent se conserver jusqu'à 3 mois.

• **Conseil :** tous les matins, mangez 1 ou 2 morceaux de ce gâteau.

INDICATIONS

Ce gâteau est particulièrement conseillé après l'accouchement. Il est galactogène et nettoie le système gynécologique. Il élimine les toxines post-accouchement et redonne de l'énergie. Il est aussi très bon pour les personnes âgées ou faibles et pour celles qui souffrent de problèmes articulaires. ***Il est déconseillé aux femmes enceintes.***

Boissons

Fraîches | Chaudes | Tisanes | Thés

Boisson au yaourt

Tchass

C'est une boisson traditionnelle de l'État du Gujarat, en Inde. On la boit à la fin du repas, comme un digestif, à petites gorgées. De par les bienfaits qu'elle apporte, les Gujaratis la qualifient de « nectar divin » ou « d'élixir guérisseur ». Elle est plus légère que le lassi.

POUR 4 PERSONNES
Préparation : 15 min

INGRÉDIENTS

1 yaourt au lait entier

1 cuil. à café de gingembre frais, râpé

½ gousse d'ail, pilée

Quelques feuilles de coriandre fraîche

2 pincées de sel marin

- Mélangez le yaourt avec quatre fois son volume d'eau et le reste des ingrédients, ou mieux, passez l'ensemble au mixeur. Buvez un verre du mélange en fin de repas.
- **Variante :** Vous pouvez remplacer le gingembre, l'ail et la coriandre par du basilic et de la menthe.

INDICATIONS

Les personnes allergiques aux laitages peuvent prendre cette boisson, rafraîchissante, légère et digestive. Elle est particulièrement conseillée en saison chaude. Elle apaise les côlons irrités, les hémorroïdes, l'œdème, la diarrhée. Elle est particulièrement conseillée aux personnes de types *vata* et *kapha*, car elle nettoie les canaux subtils et aide à diminuer les déchets du métabolisme alimentaire. En Inde, on reconnaît ses vertus pour la mémoire et la baisse de la vision.

Lassi à la rose

Délicieuse boisson parfumée d'été. C'est une boisson très « orientale », goûteuse mais aussi nutritive. (Voir photo, p. 207.)

POUR 4 PERSONNES
Préparation : 10 min

INGRÉDIENTS

1 rose rouge très parfumée (variété ancienne de préférence et n'ayant pas reçu de pesticides)

2 yaourts grecs (petits pots)

2 cuil. à soupe de sirop de rose

- Effeuillez la rose. Mettez de côté 4 beaux pétales pour le décor.
- Mixez les yaourts, la même quantité d'eau, les pétales de rose et le sirop. Servez et décorez chaque verre d'un pétale de rose.

INDICATIONS

Excellente boisson pour les constitutions *pitta*, en cas de coup de chaleur, d'insolation. Elle est nourrissante pour le cerveau, efficace aussi contre les migraines, l'acidité, les déprimes passagères.

Voici une boisson luxueuse, goûteuse et très bonne pour la santé.

POUR 4 PERSONNES
Préparation : 20 min | Trempage : 1 nuit
Repos : 1 h

INGRÉDIENTS

200 g d'amandes fraîches (voir Conseil)

50 g de noix de cajou

1 cuil. à soupe de graines de pavot

8 à 10 graines de cardamome, pilées

2 cuil. à soupe de sucre roux

1 pincée de safran

- La veille, mettez à tremper les amandes et les noix de cajou séparément dans de l'eau.
- Le lendemain, enlevez la peau des amandes. Ajoutez les noix de cajou, l'équivalent de 4 verres d'eau (80 cl) et les autres ingrédients. Mixez bien puis laissez reposer pendant 1 h avant de servir en filtrant le mélange dans une passoire fine, pour plus de raffinement.

- **Conseil :** on peut aussi utiliser une boisson aux amandes toute prête, mais sachez qu'elle n'aura pas la même valeur nutritive pour le cerveau que la boisson préparée avec de véritables amandes fraîches.

INDICATIONS

C'est une boisson apaisante, rafraîchissante, nourrissante, tonifiante, tout particulièrement pour le cerveau. Idéale pour les étudiants en phase d'examen, pour les personnes âgées et tous ceux qui ont des troubles de la mémoire.

Boisson aux amandes au safran

Au premier plan : lassi à la rose.

Au second plan : thandai.

À l'arrière-plan : boisson aux amandes au safran.

Kesaria dudh

Thandai

C'est une boisson rafraîchissante, idéale pendant la chaleur de l'été (p. 207).

POUR 6 PERSONNES
Préparation : 15 min | Trempage : 1 nuit

INGRÉDIENTS

2 cuil. à soupe de pétales de roses, en boutons ou fraîches

2 cuil. à soupe de graines de fenouil

2 cuil. à soupe de graines de coriandre

100 g de raisins secs noirs

- La veille, mettez tous les ingrédients à tremper dans de l'eau. Les Indiens recommandent de le faire dans un pot en terre cuite. À défaut, utilisez un autre ustensile.
- Le lendemain matin, mixez le mélange puis filtrez-le à travers une passoire. Ajoutez de l'eau selon votre goût.

INDICATIONS

Le thandai diminue *pitta*. Il est conseillé aux personnes colériques, car il apaise le mental et le système nerveux. On conseille également cette boisson en cas de fièvre, d'acidité, de transpiration excessive et de cystites à répétition.

Jus de carotte au gingembre

C'est une boisson saine et tonique, riche en vitamines et minéraux.

POUR 3 OU 4 VERRES
Préparation : 10 min

INGRÉDIENTS

5 ou 6 belles carottes

Un morceau de gingembre frais (environ 2 cm)

Quelques gouttes de jus de citron

MATÉRIEL

Centrifugeuse

- Épluchez les carottes et passez-les à la centrifugeuse. Épluchez et coupez le gingembre en morceaux, passez-les à la centrifugeuse (vous devez obtenir environ 1 cuil. à soupe de jus). Mélangez les 2 jus.
- Ajoutez quelques gouttes de jus de citron dans chaque verre au moment de servir. Consommez cette boisson rapidement afin de lui conserver toute son énergie.

INDICATIONS

Cette boisson antioxydante est excellente pour le système immunitaire, le bon fonctionnement des intestins et l'élimination des toxines. Ses bienfaits sont connus pour la santé des yeux, des cheveux et des ongles, et pour réduire l'acné. Ce jus frais est aussi excellent dans la prévention du cancer, des problèmes cardiaques. Il équilibre le cholestérol. L'alliance de la carotte et du gingembre frais multiplie les qualités de ce jus. C'est une véritable fontaine de jouvence.

Potion des initiés

Au premier plan : potion des inités.

À l'arrière-plan : boisson à l'hibiscus.

**C'est une boisson tonique et revitalisante.
En Inde, les yogis jeûnent pendant 40 jours en ne consommant que cette boisson.
C'est pourquoi on l'appelle la « potion des initiés ».**

POUR 6 PERSONNES
Préparation : 10 min

INGRÉDIENTS

Le jus de 2 citrons
Un morceau de gingembre frais
Miel d'acacia

- Pelez le gingembre et passez-le à la centrifugeuse. Si vous n'avez pas de centrifugeuse, vous pouvez râper le gingembre. Il vous faut la valeur de 3 cuillères à soupe de jus.
- La proportion à respecter est de un tiers de verre de jus de gingembre pour deux tiers de verre de jus de citron. Mélangez les 2 jus et ajoutez-y quatre à cinq fois la quantité d'eau. Sucrez avec le miel, selon votre goût.

INDICATIONS

C'est une boisson tonique, énergétique, goûteuse. De par la synergie des trois éléments, cette boisson est excellente pour les systèmes respiratoire, circulatoire et digestif.
Elle est aussi appréciée pour l'hygiène qu'elle apporte à la bouche et à la gorge. Elle apaise la gingivite, blanchit les dents et, en Inde, on dit qu'elle fait « briller votre sourire ».

Boisson à l'hibiscus

Power syrup

C'est une boisson traditionnelle en Inde, où fleurit l'hibiscus (voir p. 210).

POUR 4 PERSONNES
Préparation : 10 min

INGRÉDIENTS

4 ou 5 fleurs d'hibiscus séchées

1 cuil. à soupe de sucre

Quelques gouttes de jus de citron vert

4 tiges de menthe

- Portez à ébullition l'équivalent de 4 grands verres d'eau (soit environ 100 cl) et les fleurs d'hibiscus. Sucrez puis laissez refroidir. Ajoutez quelques gouttes de jus de citron vert.
- Servez frais, en décorant chaque verre d'une tige de menthe.

INDICATIONS

Cette boisson est très relaxante, particulièrement pour le cerveau. Elle est aussi rafraîchissante, énergétique, diurétique, sédative. Utile en cas d'hypertension.

Lassi au cumin

Voici une boisson rafraîchissante au goût salé, faite de yaourt battu avec de l'eau et du cumin grillé.

POUR 4 PERSONNES
Préparation : 15 min

INGRÉDIENTS

2 yaourts au lait entier, nature
½ cuil. à café de graines de cumin
3 pincées de sel marin fin

- Dans une poêle, faites chauffer à sec les graines de cumin jusqu'à ce qu'elles dégagent leur arôme. Moulez alors les graines.
- Battez les yaourts avec 2 verres d'eau, ajoutez le sel et le cumin grillé. Mixez le tout pour obtenir une préparation homogène. Si vous avez un appareil à smoothies, utilisez-le, le mélange aura alors un agréable aspect mousseux.
- **Conseils :** le lassi au cumin est une excellente recette digestive. Il est préférable de le boire après le repas.

INDICATIONS

Cette recette est excellente pour les problèmes d'intestins, d'estomac et, d'une façon générale, pour le système digestif. Elle agit d'une manière douce et naturelle, tout en donnant de l'énergie. En ayurvéda, c'est une recette traditionnelle prescrite à la fin d'un *panchakarma* (processus de désintoxication du corps). Elle vise à l'amélioration du Feu digestif (voir p. 28).

Lorsque vous entrez dans la cuisine d'une famille traditionnelle indienne, vous verrez toujours, posés côte à côte, un pot de cuivre et un pot de terre. C'est Usha pan. *Usha* signifie « aurore » et *pan* « boire ». L'eau est bouillie puis mise pour une nuit dans le pot de cuivre. Ce métal élimine les bactéries, les microbes, les impuretés. C'est l'effet oligodynamique du cuivre qui agit, les microparticules se dissolvent dans l'eau.

POUR 1 POT EN CUIVRE
Préparation : 5 min | Repos : 1 nuit

L'eau cuivrée équilibre les trois *doshas*, surtout *pitta*.

Les ions de cuivre luttent contre les infections. D'une manière générale, les objets en cuivre diminuent les risques d'infection. Cela est bien connu dans les hôpitaux.

- Le pot doit être 100 % en cuivre, à l'extérieur comme à l'intérieur. Il doit être non étamé et bien nettoyé. Remplissez-le d'eau le soir (minérale ou eau du robinet), puis laissez reposer toute la nuit.
- Vous pouvez boire l'eau dès le lendemain matin, à jeun, puis plusieurs fois au cours de la journée. Si vous avez un pot en terre, vous pouvez la transvaser, elle se chargera de l'élément Terre, mais ce n'est pas une obligation.
- **Conseils :** les propriétés curatives de cette eau se conservent pendant 2 jours. Ensuite, il y a risque d'oxydation. Le pot en cuivre doit être nettoyé régulièrement, afin qu'il ne se forme pas de vert-de-gris. Entre chaque utilisation, il vous faudra nettoyer et frotter le pot à l'eau claire, additionnée de quelques gouttes de jus de citron. C'est une méthode simple, peu coûteuse et efficace.

INDICATIONS

Elle aide à la digestion en stimulant les mouvements péristaltiques de l'estomac et des intestins. Elle calme l'acidité, nettoie le tube digestif, les reins, le foie, la rate. Le cuivre est nécessaire dans l'organisme pour assimiler la vitamine C. L'eau cuivrée régule la thyroïde et aide à éliminer l'excès de poids. Usha pan pratiqué avec régularité casse les cellules adipeuses et permet de maigrir. C'est un antioxydant qui renouvelle les cellules, tue les radicaux libres, diminuant ainsi le processus de vieillissement. Il maintient le pH alcalin dans notre corps. Il protège les neurones du cerveau.

INDICATIONS

Selon l'American Cancer Society, l'eau cuivrée diminue la tension artérielle, les palpitations, le mauvais cholestérol et empêche la constitution de plaques d'athérome (mauvais cholestérol) dans les vaisseaux sanguins qu'elle dilate. Les ions de cuivre produisent de la mélanine et donc améliorent la santé des yeux, des cheveux et de la peau. Pour les Indiens, c'est un antirides !

L'Eau cuivrée

Usha pan

Tisane vata

Pour les constitutions vata : Air + Éther.

POUR 1 PERSONNE

Préparation : 5 min | Infusion : de 3 à 4 min

INGRÉDIENTS

¼ de cuil. à café de gingembre frais, râpé

¼ de cuil. à café de cardamome, pilée ou écrasée

¼ de cuil. à café de cannelle en poudre

¼ de cuil. à café de thym indien (*ajwain*)

Sirop d'agave

• Portez 25 cl d'eau à ébullition avec les épices. Laissez infuser pendant 3 ou 4 min. Filtrez. Ajoutez 1 cuil. à café de sirop d'agave, selon votre goût. À boire très chaud.

INDICATIONS

Ce sont des épices calmantes, anti-stress et qui donnent de l'énergie. Elles sont « chauffantes ». Cette tisane : réduit l'envie et le désir pour l'alcool ; Soulage le lumbago, le côlon encombré, les flatulences et ballonnements digestifs.

Tisane pitta

Pour les constitutions pitta : Feu + Eau.

POUR 1 PERSONNE
Préparation : 5 min | Infusion : de 3 à 4 min

INGRÉDIENTS

¼ de cuil. à café de graines de cumin

¼ de cuil. à café de graines de coriandre

¼ de cuil. à café de graines de fenouil

¼ de cuil. à café de pétales de roses séchés

Sucre roux ou raisins secs

- Portez 25 cl d'eau à ébullition avec les épices et les pétales de roses. Laissez infuser pendant 3 à 4 min. Filtrez.
  Ajoutez 1 cuil. à café de sucre roux ou quelques raisins secs, selon votre goût.

- **Conseil :** c'est une tisane rafraîchissante, qui se boit tiède.

INDICATIONS

Cette tisane : tempère les aigreurs gastriques et autres perturbations digestives (après un repas lourd) ; calme les bouffées de chaleur, la fièvre, l'excès de transpiration avec odeurs fortes ; Apaise le mental et permet de gérer le stress et l'anxiété.

Tisane kapha

Pour les constitutions kapha : Terre + Eau.

POUR 1 PERSONNE

Préparation : 5 min | Infusion : de 3 à 4 min

INGRÉDIENTS

¼ de cuil. à café de gingembre en poudre

¼ de cuil. à café de graines de carvi

¼ de cuil. à café de graines de fenugrec

2 ou 3 clous de girofle

Miel

- Portez 25 cl d'eau à ébullition avec les 4 épices, pendant 3 à 4 min, jusqu'à ce que le fenugrec ramollisse. Laissez infuser 3 min. Fltrez. Ajoutez 1 cuil. à café de miel si le goût sucré est désiré. À boire bien chaud.

INDICATIONS

C'est une tisane stimulante.
Elle élimine les lourdeurs, l'inertie, la paresse, donne les idées claires.
Elle facilite la digestion des graisses et des féculents.Elle élimine les mucosités au niveau des bronches et augmente la chaleur corporelle.

Décoction de fenugrec

POUR 1 PERSONNE
Préparation : 10 min

INGRÉDIENTS

1 cuil. à café de graines de fenugrec

Mélasse ou miel

- Portez à ébullition 40 cl d'eau avec les graines de fenugrec, puis faites réduire le mélange jusqu'au ramollissement des graines. Ajoutez quelques gouttes de mélasse (ou de miel) pour en améliorer la saveur.

- **Conseil :** à prendre de préférence le matin, à jeun.

INDICATIONS

Cette boisson : stimule les fonctions digestives ; active le métabolisme ; fortifie le corps, particulièrement les muscles (grande amie des sportifs) ; prévient les maladies dégénératives ; régule le système hormonal ; est utile pour les femmes qui allaitent.

Tisane de gingembre

POUR 4 PERSONNES
Préparation : 3 min

INGRÉDIENTS

1 cuil. à café de gingembre sec, en poudre

2 cuil. à soupe de jus de mélasse

- Mélangez le gingembre avec 80 cl d'eau. Faites bouillir le mélange pendant 2 min. Filtrez. Ajoutez le jus de mélasse, remuez et servez. À boire chaud.

INDICATIONS

Cette tisane est : excellente pour les problèmes respiratoires récurrents, les terrains asthmatiques, les ronflements nocturnes, l'apnée du sommeil ; légèrement aphrodisiaque ;
Les personnes sensibles aux épices fortes éviteront cette boisson.

Tisane de la bonne humeur

POUR 4 PERSONNES

Préparation : 10 min | Infusion : 5 min

INGRÉDIENTS

- 1 cuil. à café de gingembre frais, râpé
- 4 tiges de basilic frais
- La peau de 1 petit citron vert ou le zeste de 1 orange bio

• Portez à ébullition 1 litre d'eau avec le gingembre. Coupez le feu et jetez les autres ingrédients, puis couvrez et laissez infuser 5 min. Servez dans des tasses à l'aide d'une passoire.

• **Conseil :** ajoutez le jus du citron que vous avez pelé ou un peu de miel, selon votre goût et votre humeur !

INDICATIONS

Cette tisane neutralise le stress quotidien, ôte la fatigue, donne de l'énergie et enlève la tristesse passagère. Le basilic est l'herbe royale qui pacifie les estomacs surchargés grâce à son apport en antioxydants. C'est aussi un antibactérien. Les zestes de citron et d'orange ont des vertus dans la prévention du cancer, le maintien du poids et la beauté de la peau.

Potion magique

C'est la merveilleuse synergie des trois ingrédients qui crée la magie de cette boisson super énergétique et vitaminée, idéale pour l'hiver.

POUR 4 PERSONNES
Préparation : 10 min

INGRÉDIENTS

2 cuil. à soupe de gingembre frais, râpé

Le jus de 3 citrons fraîchement pressés

Mélasse de préférence ou sucre complet

- Portez à ébullition 1 litre d'eau avec le gingembre frais râpé, pendant environ 3 min.
- Filtrez. Ajoutez le jus de citron et la mélasse (quantité à adapter selon votre goût, comptez environ 1 cuil. à café par personne). À boire chaud, à petites gorgées.

INDICATIONS

Tout en augmentant l'immunité du corps, cette boisson prévient les maux d'hiver tels que rhumes, grippes, états fiévreux... ou vous aide à les éliminer.
Elle est tonique.

Boisson digestive

Astachurna

Vous pouvez préparer ce mélange d'épices et le conserver. Il est prévu pour 40 verres, soit 20 jours de cure.

POUR 40 VERRES

Préparation : 10 min | Infusion : de 2 à 3 min

INGRÉDIENTS

40 g de coriandre en poudre

15 g de thym indien (*ajwain*)

15 g de cumin en poudre

10 g de poivre moulu

10 g de gingembre en poudre

3 g de sel noir

4 g de sel de l'Himalaya

3 g d'assa-fœtida

- Mélangez soigneusement tous les ingrédients, soit un total de 100 g qui représentent 40 doses (2,5 g par décoction).
- Pour 1 verre : portez à ébullition environ 20 cl d'eau avec 2,5 g du mélange d'épices (1 cuillerée à café) pendant 2 à 3 min. Filtrez. À boire chaud deux fois par jour avant les repas.
- **Conseil :** vous pouvez préparer la boisson pour la journée (l'équivalent de 2 verres) et la mettre dans une Thermos.
- **Variante :** ajoutez 1 cuillerée à café du mélange dans un verre de lassi salé.

INDICATIONS

Merveilleuse petite recette pour les problèmes d'acidité, de ballonnements, de brûlures d'estomac. Utile en cas d'indigestion, de perte du goût, de nausées.

Tchai à la citronnelle

Ce bouillon simple, parfumé et goûteux est particulièrement conseillé en hiver.

POUR 4 PERSONNES
Préparation : 10 min | Infusion : 3 min

INGRÉDIENTS

1 tige de citronnelle coupée finement ou écrasée

1 cuil. à café de thé noir

4 cuil. à soupe de lait (lait bio de vache ou boisson végétale)

4 cuil. à café de sucre roux

- Portez 1 litre d'eau à ébullition avec la citronnelle, puis ajoutez le lait et le sucre. Dès que le lait monte, retirez le mélange du feu et ajoutez le thé. Laissez infuser 3 min. Servez dans des tasses en filtrant à travers une passoire.

- **Variante :** on peut utiliser aussi du thé vert.

INDICATIONS

Thé parfumé, aux grandes qualités aromatiques. C'est un sédatif naturel qui permet de lutter contre les insomnies, le stress et l'anxiété. C'est aussi un tonique digestif, rafraîchissant et conseillé en été. Très bon en cas de fièvre.

Boisson pour la gorge

Rab

Le rab est une boisson sucrée qui adoucit la gorge.

POUR 6 TASSES
Préparation : 15 min | Cuisson : 15 min

INGRÉDIENTS

- 4 cuil. à soupe de farine de blé T110
- 2 ½ cuil. à soupe de mélasse dure
- ½ cuil. à café de gingembre en poudre
- 5 clous de girofle
- 3 bâtonnets de cannelle
- 5 graines entières de cardamome, concassées
- 1 cuil. à soupe de ghee (voir techniques de base, p. 149)

- Faites bouillir dans 1 litre d'eau la mélasse et le gingembre en poudre.
- Dans une autre casserole, faites chauffer le ghee, puis ajoutez les clous de girofle, la cannelle et la cardamome. Faites revenir l'ensemble pendant quelques minutes, puis ajoutez la farine, en remuant continuellement jusqu'à ce que celle-ci grille légèrement.
- Versez alors l'eau (avec la mélasse et le gingembre). Mélangez. À boire chaud.

- **Conseil :** à ne pas mélanger avec d'autres aliments pour profiter un maximum de ses vertus.

INDICATIONS

Cette recette est recommandée pour les maux de gorge, la grippe, la toux sèche et les irritations de la gorge (chanteurs, conférenciers, professeurs, comédiens, etc.).

Thé indien aux épices

Masala tchai

Le mythique thé indien est servi dans un petit verre dans toutes les échoppes de rues, sur les quais de gares et dans les trains. En famille, c'est toujours un beau moment de convivialité, d'amitié et d'amour. Ici, c'est la recette complète du masala tchai qui est présentée.

POUR 4 PERSONNES

Préparation : 7 min | infusion : 3 min

INGRÉDIENTS

1 cuil. à soupe de thé noir de type Assam ou Darjeeling

7 clous de girofle

1 ½ cuil. à café de cannelle en poudre

4 gousses de cardamome, pilées ou écrasées

1 ½ cuil. à café de gingembre frais, râpé

2 cuil. à soupe de sucre

Un nuage de lait

- Faites bouillir 1 litre d'eau avec les épices pendant 5 min. Ajoutez le sucre et le lait. À la reprise de l'ébullition, coupez le feu, ajoutez le thé et laissez infuser 3 min.

- **Conseils :** si vous souhaitez donner au mélange un goût plus fort, ajoutez ½ cuil. à café de masala pour le thé. On peut aussi varier la dose d'épices selon le goût désiré.

INDICATIONS

Les épices utilisées dans le tchai agissent en synergie et travaillent en osmose. C'est une excellente boisson pour les réveils matinaux difficiles. Elle déclenche le transit intestinal, chauffe le corps, donne de l'énergie, évite la somnolence. ***Les personnes ayant un sommeil difficile éviteront d'en prendre le soir.***

Tchai à la menthe et au gingembre

POUR 4 PERSONNES
Préparation : 10 min | Infusion : 3 min

INGRÉDIENTS

1 cuil. à café de gingembre frais, râpé

1 cuil. à café de thé noir

4 tiges entières de menthe fraîche

4 cuil. à café de sucre roux

4 cuil. à soupe de lait (lait bio de vache ou boisson végétale)

- Portez 1 litre d'eau à ébullition avec le gingembre, puis ajoutez le lait et le sucre. À la reprise de l'ébullition, retirez la casserole du feu et ajoutez le thé. Laissez infuser 3 min. Filtrez.
- Mettez une tige de menthe dans chaque tasse et versez le liquide bouillant dessus.

INDICATIONS

La fraîcheur de la menthe mariée à la chaleur du gingembre crée une synergie qui donne énergie et tonicité.
Les personnes ayant un sommeil difficile éviteront d'en prendre le soir.

Lait à la cardamome et au safran

POUR 1 PERSONNE
Préparation : 5 min

INGRÉDIENTS

- 25 cl de lait (de vache, chèvre ou boisson aux amandes)
- 3 pincées de poudre de cardamome
- 1 petite pincée de safran
- 1 cuil. à café de sucre de canne

Portez le lait à ébullition avec la cardamome et le safran, puis ajoutez la cuillerée de sucre de canne. À boire avant de dormir.

INDICATIONS

Cette boisson favorise le sommeil, calme et fortifie le système nerveux, augmente *sattva* (énergie de la lumière). Elle permet d'éviter les cauchemars et les nuits agitées. Elle stimule l'intellect et est aphrodisiaque. Elle neutralise la formation de mucosités, apaise le système respiratoire et embellit la peau.

Cette boisson conviendra à ceux qui veulent bénéficier des bienfaits et du bon goût des épices, sans avoir à y ajouter le lait, le sucre et le thé comme dans le tchai indien traditionnel.

POUR 4 PERSONNES
Préparation : 10 min

INGRÉDIENTS

7 clous de girofle

1 bâton de cannelle

4 gousses de cardamome, pilées ou écrasées avec l'enveloppe

1 cuil. à café de gingembre frais, râpé

- Faites bouillir 1 litre d'eau avec les épices pendant 10 min.
- Filtrez.

INDICATIONS

Les épices de ce breuvage ont un pouvoir détoxifiant, relaxant et revigorant. Lorsqu'il fait froid, cette boisson réchauffe naturellement le corps et tout particulièrement les extrémités.

Tisane aux épices

Au premier plan : tisane aux épices.

Au second plan : lait à la cardamome et au safran.

À l'arrière-plan : décoction de fenugrec.

Nom sanskrit : *Kavo*

Lait au curcuma, ou lait d'or

POUR 1 PERSONNE
Préparation : 10 min

INGRÉDIENTS

25 cl de lait (de vache, chèvre, boisson aux amandes ou noix de coco)

½ cuil. à café de curcuma frais, râpé

1 pincée de poivre noir moulu

1 cuil. à café de miel (facultatif)

1 cuil. à café de ghee (facultatif) (voir techniques de base, p. 149)

- Mélangez soigneusement le lait, 6 cl d'eau et les épices et faites chauffer le tout. Lorsque le mélange atteint l'ébullition, réduisez le feu et continuez à remuer jusqu'à ce qu'il ne reste plus que la valeur d'une tasse de liquide. À boire bien chaud, à petites gorgées.

- **Conseil :** on peut ajouter un peu de miel ou de ghee si nécessaire.

INDICATIONS

Boisson idéale pour les laryngites, pharyngites, voix cassées, extinctions de voix, problèmes d'amygdales, toux, congestion des voies respiratoires. Excellent pour les chanteurs. Le lait au curcuma est un antiseptique naturel, cicatrisant, apaisant et qui permet de rester zen. Il augmente l'éclat de la peau et protège contre les agressions extérieures (pollution, froid, soleil). Cette boisson augmente *sattva* (énergie de la lumière).

L'eau chaude, rituel ayurvédique

En Occident, boire de l'eau chaude n'est pas une habitude courante. Bien au contraire, la préférence est souvent donnée aux boissons fraîches ou glacées. C'est d'ailleurs ainsi que l'on vous sert l'eau dans la plupart des cafés et restaurants, avec parfois des glaçons en plus. Les boissons froides interrompent la bonne digestion des aliments, en figeant les aliments gras. Elles sont donc à proscrire juste avant, pendant et après les repas. Elles éteignent le Feu digestif (voir p. 28) qui est à 37 C ou plus. En ayurvéda, l'eau est l'un des cinq grands éléments qui composent l'univers. L'eau purifie, adoucit, hydrate et accompagne l'assimilation des aliments.

INDICATIONS

L'eau chaude augmente le Feu digestif, favorise la perte de poids, liquéfie le bol alimentaire, aide à diminuer la constipation. Elle favorise une bonne assimilation de notre alimentation. L'eau chaude régénère le corps. Sa force de purification est supérieure à celle de l'eau froide. L'exemple de la douche ou de la machine à laver est très parlant : l'eau chaude nettoie mieux que l'eau froide.

LE RITUEL AYURVÉDIQUE

- Boire un verre d'eau chaude est particulièrement important au lever et au coucher pour nettoyer le tube digestif.

- L'eau chaude provenant du robinet n'est pas toujours idéale. Il est préférable de faire chauffer de l'eau minérale ou de l'eau filtrée.

- Idéalement, l'eau doit être chauffée à une température correspondant au minimum à celle du corps (37 °C).

- **Conseil :** les tisanes et les thés n'ont pas les mêmes effets. Ils ne sont pas neutres comme l'eau. Ils ne peuvent donc pas se substituer à l'eau pure. Les tisanes ou autres boissons peuvent être prises en complément.

Index

Table des épices & Index santé

Épices, herbes et produits conseillés pour :

Anti-inflammatoire naturel

- Badiane 62
- Cardamome 66
- Curcuma 78
- Gingembre frais 90-92
- Guggul 130
- Trikatu 140
- Tulsi 142

Beauté de la peau et des cheveux

- Amalaki 116
- Curcuma 78-81
- Fenugrec 84
- Ghee 126
- Noix de coco 132
- Sésame 134

Détox du foie

- Ail 58
- Aloe vera 114
- Citron 124
- Clou de girofle 70
- Curcuma 78-81
- Fenugrec 84
- Piment 98
- Safran 104

Diabète

- Ail 58
- Cardamome 66
- Curcuma 78
- Safran 103

Eczéma – Problèmes de peau

- Coriandre en poudre 72
- Curcuma 78-81
- Noix de coco 132

Élimination des toxines et des métaux lourds

- Amalaki 116
- Cannelle 64
- Coriandre graines ou poudre 72
- Fenouil 82
- Feuilles de curry 88

Épices aphrodisiaques

- Ail 58
- Cannelle 64
- Clou de girofle 70
- Gingembre frais 90-92
- Noix muscade 96
- Poivre 100
- Safran 104

États dépressifs

- Ail 58
- Cardamome 66
- Curcuma 78
- Safran 104

Femmes enceintes

- Cumin 76
- Ghee 126

Hémorroïdes, cystites

- Amalaki 116
- Cardamome 66
- Coriandre en poudre 72
- Cumin 76
- Fenouil 82
- Feuilles de curry 88
- Safran 104

Insomnies

- Brahmi 122
- Noix muscade 96
- Tulsi 142

Manque d'énergie

- Amalaki 116
- Ashwagandha 118
- Citron 124
- Fenugrec 84
- Graines de tournesol 138
- Noix muscade 96
- Safran 104

Maux de tête

- Cannelle 64
- Coriandre fraîche 74
- Ghee 126

Ménopause

- Aloe vera 114
- Grenade 128

Piqûres d'insectes

- Citronnelle 68

Plantes rasayanas rajeunissantes

- Ail 58
- Aloe vera 114
- Amalaki 116
- Ashwagandha 118
- Curcuma 78-81
- Gingembre frais 90-92
- Graines de sésame 134
- Graines de tournesol 138
- Jus de citron 124
- Shatavari 136
- Triphala 141
- Tulsi 142

Index santé

Où trouver les épices et les produits de base ?

Nous préconisons l'achat d'épices « biologiques », de préférence en magasin bio.
Vous trouverez toutes les épices et de nombreux produits de base de la tradition culinaire indienne dans les magasins de produits indiens, libanais et orientaux.

Vous pourrez vous procurer toutes les épices mentionnées dans ce livre à TAPOVAN Paris et Normandie, aux adresses ci-dessous :

TAPOVAN – 9, rue Gutenberg, 75015 PARIS
TAPOVAN – 65, route d'Anneville, 76540 SASSETOT

Des cours de cuisine ayurvédique sont dispensés par Falguni Vyas au centre TAPOVAN Paris.
Elle a formé différentes personnes qui donnent des cours dans d'autres régions de France.

Bibliographie

Le Grand Guide de l'ayurvéda, Kiran VYAS, éd. Marabout, 2014
Recettes végétariennes de l'Inde, Kiran VYAS, éd. La Plage, 2004
Une vie de qualité grâce à l'ayurvéda, Sebastian POLE, Guy Trédaniel éd., 2012
Ayurvéda, science de l'autoguérison, Vasant LAD, Guy Trédaniel éd., 2014
La Tasse d'eau chaude à la santé de vie, Lydia BOSSON, éd. Amarys, 2011
Ayurvedic Nutrition, Dr Mauroof Athique

Remerciements

Falguni Vyas et Corinne Dupont remercient le directeur-fondateur Kiran Vyas pour l'incroyable énergie et créativité qu'il déploie depuis plus de trente ans afin de répandre inlassablement le message de santé et de prévention de l'ayurvéda, approche globale de la santé.
Nous remercions aussi toutes les personnes qui nous ont aidées et soutenues lors de la rédaction de cet ouvrage : Rose Marie Leroux, pour sa précieuse aide dans la confection des recettes et pour toutes ses relectures avisées. Dr Reji Thomas et Dr Claire Cascales pour leurs conseils, Pankaj Vyas pour la préparation des recettes photographiées, ainsi que Pascale Abramovici et Chantal Signovert.

Les auteurs et l'éditeur remercient Mireille Touret pour ses relectures attentives et précieuses.

Crédits photographiques

Les photographies originales sont d'Emanuela CINO, avec le stylisme de Mélanie MARTIN, à l'exception de :
6 : Fotolia © nilanewsom ; 9 : Fotolia © duskojovic ; 13 : Fotolia © Amir Kaljikovic ; 20-21 : Fotolia © ElenaMirage ; 24-25 : getty images © Peter Adams ; 35 : Fotolia © 13 : Fotolia © sgabby2001 ; 42 et 47 : Jean-François Chavanne ; 45 : dessins © Stéphanie Rubini ; 50-51 : Fotolia © Mariusz Prusaczyk ; 52 : Fotolia © byheaven ; 58 : Fotolia © Prashant ZI ; 104 : Fotolia © kalcutta ; 107 : Fotolia © Comugnero Silvana ; 108 : Fotolia © amawasri ; 118 : Fotolia © Prashant ZI ; 120 : Fotolia © jbphotographylt ; 130 : Fotolia © Prashant ZI ; 138 : Getty Images © Dinodia Photos ; 144-145 : Fotolia © Swapan ; 146 : Fotolia © smartobject ; 150-151 : Fotolia © byheaven ; 202 : Fotolia © soniaC.